Dante Alighieri

Monarquia

Dante Alighieri

Monarquia

Tradução
Ciro Mioranza

Lafonte

Título original: *De Monarchia*
Copyright © Editora Lafonte Ltda., 2017

Todos os direitos reservados.
Nenhuma parte deste livro pode ser reproduzida sob quaisquer
meios existentes sem autorização por escrito dos editores.

Direção Editorial *Sandro Aloísio*
Tradução *Ciro Mioranza*
Diagramação e Capa *Marcelo Sousa | deze7 Design*
Imagem Richard II da Inglaterra, gravação de E. Bocquet
registrada por Georgios Kollidas, Shutterstock.com
Revisão e Copidesque *Paula Felix Palma*
Produção Gráfica *Diogo Santos*
Organização Editorial *Ciro Mioranza*

Dados Internacionais de Catalogação na Publicação (CIP)
(Câmara Brasileira do Livro, SP, Brasil)

```
Alighieri, Dante, 1265-1321
    Monarquia / Dante Alighieri ; tradução Ciro
Mioranza. -- São Paulo : Lafonte, 2017.

    Título original: De Monarchia.
    ISBN: 978-85-8186-245-3

    1. Dante Alighieri, 1265-1321 - Monarquia -
Crítica e interpretação 2. Monarquia 3. Poder
(Ciências sociais) 4. Política I. Título.

17-08232                              CDD-321.6
```

Índices para catálogo sistemático:

1. Monarquia : Ciência política   321.6

Direitos de edição em língua portuguesa, para o Brasil,
adquiridos por Editora Lafonte Ltda.
Av. Profa. Ida Kolb, 551 – 3º andar – São Paulo – SP – CEP 02518-000
Tel.: 55 11 3855-2286
atendimento@editoralafonte.com.br • www.editoralafonte.com.br

Índice

Apresentação 7

Introdução 9

LIVRO PRIMEIRO 33

LIVRO SEGUNDO 57

LIVRO TERCEIRO 89

Início do livro Monarquia, no texto original latino 121

Vida e obra do autor 123

Apresentação

Mundialmente conhecido por sua obra máxima *A Divina Comédia*, Dante Alighieri é autor de diversas outras obras, dentre as quais se destaca *Monarquia*. Esta foi a principal que lhe valeu o exílio, no qual haveria de falecer, embora acalentasse sempre a esperança de poder voltar à sua cidade natal, Florença.

Em *Monarquia*, Dante deixa transparecer seus profundos conhecimentos de filosofia e o domínio com que cita passagens bíblicas. Escrito durante os anos de grandes questionamentos e controvérsias envolvendo a autoridade papal em confronto com a autoridade do imperador do Sacro Império Romano-Germânico (que *ipso facto* era também rei da Itália), Dante elaborou este opúsculo em que defende a independência total do imperador no exercício de seu poder de qualquer ingerência do Vaticano.

O papa Bonifácio VIII havia publicado a Bula *Unam Sanctam* que, além de criar grandes polêmicas e revoltar muitos reis e príncipes, provocou a ira de Filipe o Belo, rei da França, que enviou delegados a Roma para prender o papa e levá-lo a Paris, a fim de ser julgado.

Esse documento do papa declarava precisamente que o poder temporal estava sujeito por determinação divina ao poder espiritual. Em outros termos, o papa tinha soberania e poder sobre todos os reis e príncipes cristãos, porquanto a autoridade temporal dependia diretamente da autoridade espiritual, da qual o papa era o representante máximo.

Essa doutrina de Bonifácio VIII desagradou não somente ao mundo político, mas também a grandes segmentos da sociedade europeia da época, que era quase totalmente cristã. Parece que Dante tomou as dores e a desilusão de todos aqueles que eram contra essa doutrina e escreveu *Monarquia* para provar que qualquer governante não depende, de modo algum, da autoridade da Igreja ou do papa. Todo o livro gira em torno da argumentação para provar a independência do poder civil do poder religioso, recorrendo à fundamentação não somente filosófica e política, mas também bíblica. Esta era de suma importância, uma vez que a Igreja se baseava em textos bíblicos para fundamentar sua autoridade sobre todo poder civil estabelecido na terra.

O livro pode parecer de leitura difícil, mas é interessante e, em certas passagens, até fascinante, mostrando um Dante Alighieri de ideias abertas, sobretudo no campo político, defendendo não somente a independência do poder civil da propalada supremacia do poder espiritual ou religioso sobre ele, mas também a total separação desses dois poderes para o bem-estar do mundo.

O tradutor

Introdução
Direito e política na Monarquia de Dante Alighieri

Arno Dal Ri Júnior*

Dante Alighieri não só entre literatura e poesia, mas também embrenhado na política mundana e na construção do Estado medieval. Com esse tema, as linhas de introdução que se seguem têm por objetivo apresentar de modo sucinto os fundamentos da obra política do poeta florentino, assim como a influência da mesma sobre os pensadores que no final da Idade Média iniciaram o processo de secularização do Estado. Como será possível constatar ao longo deste ensaio, a obra do poeta e filósofo[1], um dos principais protagonistas do movimento humanista latino medieval, contribui de modo decisivo para o desenvolvimento do processo de secularização das instituições sociais, acontecido a partir do final do século XIII. Nesta perspectiva, torna-se importante afirmar que, se coube a Nicolau Maquiavel realizar a descanonização da política e a Hugo Grotius a descanonização do Direito, a descanonização do Estado[2]

---

* Doutor em Direito pela Università Luigi Bocconi de Milão, com Pós-Doutorado pela Université de Paris I (Panthéon-Sorbonne). França. Professor dos cursos de Graduação e Pós-Graduação em Direito da Universidade Federal de Santa Catarina. Pesquisador da Fondazione Cassamarca de Teviso, Itália.

[1] Para uma análise mais aprofundada da contribuição de Dante à filosofia, ver BOMBASSARO, Luiz Carlos. Dante, o Elogio à Filosofia no Humanismo Renascentista. In: BOMBASSARO, Luiz Carlos; DAL RI JUNIOR, Arno et PAVIANI, Jayme. Interfaces do Humanismo Latino. Porto Alegre: EDIPUCRS, 2003, p. 46.

[2] Sobre a concepção do Estado corrente na Idade Média, vedi GENET, Jean-Philipe. État. In: LE GOFF, Jacques et SCHMITT, Jean-Claude. Dictionaire Raisonné de l'Occident Médiéval. Paris: Fayard, 1999, p. 374 ss.

passa obrigatoriamente pelos escritos de Dante Alighieri e, posteriormente, de Marsílio de Pádua[3].

A produção intelectual de Dante[4] foi uma das mais ricas da Idade Média. O pensador teve uma atuação importante em diversos âmbitos da filosofia e brilhante na literatura. No âmbito desta última, produziu a monumental obra "*A Divina Comédia*" [5] que desempenhou um papel de destaque na revolução intelectual promovida pelo movimento humanista.

Os temas ligados à filosofia política e à teoria do Estado foram analisados pelo autor florentino em três momentos distintos. O primeiro, no interior da obra *Convivio*[6], escrita em 1306. Posteriormente, a temática vem reproposta e aprofundada nas *Espistolae*[7] políticas, escritas a favor do imperador Henrique VII de Luxemburgo entre 1308 e 1312. Porém, o ápice do pensamento político do mestre florentino aconteceu com a obra *Monarquia*[8], escrita no ano de 1313.

Nas duas primeiras obras apresenta-se muito cauteloso ao criticar o papado e as constantes intervenções da Igreja na política "mundana". Na *Monarquia*, sendo perseguido e estando já condenado à fogueira, sua postura muda radicalmente[9]. O autor passa a desenvolver uma crítica severa e contundente às intervenções do poder espiritual na política, apresentando-o como usurpador do poder temporal. Surge, com

---

[3] Outras importantes obras de teor político publicadas por pensadores medievais, que seguiram a mesma linha de Dante e Marsílio são Lettere senili e De Ignorantia, de Francesco Petrarca; De regimini civitates e Tratactus tyrannidis, de Bartolo de Sassoferato; e, Octo quaestiones de potestate papae e Breviloquium de principatu tyrannico, de Guilherme de Ockam.

[4] Durante Alighieri, ou simplesmente Dante, nasceu em Florença em 1265 no seio de uma família de origem nobre. Com grande atividade política no partido favorável ao imperador – os guelfi Bianchi –, chegou a ser nos últimos anos do século XIII, membro do conselho e prior de Florença. Tendo sido perseguido pela sua atuação política, e condenado à fogueira por barattaria, concussione e opposizione illegale al pontefice, se refugiou em diversas cidades italianas, como Verona, Pádua, Treviso, Veneza e Ravenna, sempre sob a proteção de nobres ligados ao imperador. Morreu em 1321, sendo enterrado em Ravenna, onde atualmente encontram os seus restos mortais.

[5] O texto original pode ser encontrado em ALIGHIERI, Dante La Divina Commedia. Milano: Rizzoli, 2001.

[6] O texto original pode ser encontrado em ALIGHIERI, Dante. Convivio. Milano Garzanti, 1987.

[7] As principais cartas onde Dante examinou a teoria do Estado são a endereçadas Ai principi e ai popoli d'Italia, escrita em 1310, e Ai Fiorentini, de 1311, e as escritas ao próprio Imperador. Texto original em ALIGHIERI, Dante. Opere minori. Torino UTET, 1997.

[8] Texto original em ALIGHIERI, Dante. Monarchia. Milano: Garzanti, 1999.

[9] Para uma análise mais aprofundada sobre os problemas políticos e os processos contra Dante, vedi BRAFA MISICORO, Giorgio. Le Vicende Giudiziarie di Dante Alighieri. Firenze: MEF, 2003.

esta obra de Dante, o menor entre os filósofos – como ele mesmo se referia a si próprio –, a primeira grande exaltação do que mais tarde viria a se tornar o Estado secularizado[10].

Como será possível constatar, esta exaltação tinha como principal objetivo elaborar uma justificativa à soberania universal do imperador através de uma complexa argumentação de forte teor escolástico[11]. Conduzido pelo desespero diante de uma Itália despedaçada por grupos políticos rivais, o autor estimava que somente uma autoridade imperial forte poderia restabelecer a situação e trazer a paz[12].

Nesta perspectiva, o principal postulado de Dante se baseava na afirmação de que o poder temporal teria suas origens diretamente em Deus e não no poder espiritual do papado[13]. Tratava-se de uma tentativa de reelaborar o papel do poder espiritual exercido pela Igreja, muito criticado naquele período devido principalmente a dois fatores, ou seja, a degeneração das instituições eclesiásticas no que diz respeito a missão espiritual que deveriam desenvolver, devido ao contato e "contaminação" com o dinheiro; e, a corrupção das mesmas ao atuar na vida pública[14], fruto desta mesma contaminação.

Contexto Político e influências sobre a *Monarquia* de Dante Alighieri

O período da Idade Média em que viveu Dante Alighieri foi bastante singular para a península itálica. Este teve como uma de suas principais características a expansão e consolidação das cidades que, ao se

---

[10] Hans Kelsen salienta que, mesmo tendo vivenciado todos estes conflitos políticos, o ideal de império de Dante não teve a sua origem em uma determinada experiência político-partidária. Este era acima de tudo uma expressão de convicção científica que via na instituição de um Estado monárquico mundial a salvação para a humanidade. Veja-se KELSEN, Hans. Die Staatslehre des Dante Alighieri. Wien: Franz Deuticke, 1905, p. 19.

[11] CANNING, Joseph P. Politique: institutions et conceptions. In: BURNS, James H. (Ed.). Histoire de la Pensée Politique Médievale. Paris: PUF, 1993, p. 343.

[12] SABINE, George H. A History of Political Theory. London: Harrap, 1948, p. 226.

[13] Desta forma, o autor florentino declarava a total inutilidade da confirmatio, ou seja, da prerrogativa do pontífice de confirmar a legitimidade da ascenção ao trono do imperador do Sacro Império Romano Germânico.

[14] FORTE, Francesco. Storia del Pensiero dell'Economia Pubblica. Dal Medio Evo al Mecantilismo. Milano: Giuffrè, 1999, p. 206.

fortalecerem enquanto centros de poder, passavam a se contrapor ao campo[15]. Um fenômeno acontecido graças à expansão populacional e comercial já bastante perceptível no século XII, que fez com que suas comunas renascessem como centros de trocas comerciais[16] e, por consequência, de poder e de produção intelectual, vindo a se transformar em uma terceira força política, entre papado e império[17].

O mesmo período também foi profundamente marcado pela consolidação do princípio da propriedade privada, tornado possível graças ao resgate do Direito romano como sistema normativo apto a reger as relações sociais. Nesta perspectiva, é oportuno salientar o estudo desenvolvido ao longo de algumas décadas pelas escolas de juristas de Bolonha, tais como as ligadas aos mestres Irnério[18], Fran-

---

[15] "Pouco a pouco, entretanto, seguindo as circunstâncias, as cidades foram adquirindo autonomia. Na França, os reis protegiam-nas para terem nelas apoio contra os Senhores feudais; na Alemanha, as lutas internas, principalmente a das investiduras, davam-lhes tempo para administrarem-se e, até mesmo, para tomarem parte no conflitos, como se vê em Worms, colocando-se ao lado do imperador Henrique IV; na Itália, a ausências de um monarca italiano que simbolizasse o poder central dava margem ao desenvolvimento de autonomias locais, e as pretensões alemãs – principalmente dos Hohenstaufen – apenas exacerbavam o sentimento de autonomia e davam à burguesia novas forças para a luta, o que nos é demonstrado pelas Ligas Lombarda que se formaram contra Frederico I e Frederico II e que conseguiram obter grandes triunfos, como em Legnano, por exemplo". In: CAMPOS, Pedro Moacyr. O Movimento Urbano na Idade Média: Uma visão geral de seus Principais Aspectos. Revista de História, São Paulo: USP, n° 6 (1951), p. 271.

[16] Para uma ampla compreensão da economia medieval, NUCCIO, Oscar. La Civiltà Italiana nella Formazione della Scienza Economica. Milano: Etaslibri, 1995; e, DUBY, Heorges. L'Économie rurale et la vie des compagnes dans l'Occident médieval. Paris: Flammarion, 1977.

[17] Neste mesmo período algumas cidades italianas começaram a desenvolver o princípio democrático, reconhecendo a burguesia como detentora do poder estatal juntamente com a nobreza e o clero. Tal princípio obteve o seu reconhecimento oficial pelo Sacro Império no Tratado de Paz de Constança. Salienta-se neste contexto, a experiência democrática vivida no século XIII por Florença, que, por isto, é considerada por muitos autores como o primeiro Estado moderno do mundo. Vida, a respeito, KELSEN, Hans. Opus cit., p. 5 ss.

[18] Irnério nasceu em Bolonha entre 1055 e 1060, tendo sido advogado e professor de direito. Segundo conta a tradição, teria iniciado por conta própria a glossa dos textos do direito romano. Quando lecionava a Universidade de Bolonha manteve contatos com o Imperador Henrique V, para quem elaborou a tese de que o direito romano concedia ao Imperador o poder de confirmar a nomeação do Papa. Tornou-se famoso por ter desenvolvido o primeiro grande trabalho de resgate e análise do direito romano e por ter fundado a primeira grande escola de estudos jurídicos da Idade Média. Irnério morreu em Bolonha em 1125. Vedi FORTE, Francesco. Opus cit., p. 160; e, as obras ROTA, Antonio. Lo stato e il diritto nella Concezione di

cesco Accursio[19] e Cino de Pistoia[20]. Por meio destas foi dada nova aplicatividade prática às normas contidas no *Corpus iuris civilis* elaborado pelo imperador bizantino Justiniano[21]. Pode-se afirmar, portanto, que a teoria dantesca sobre o Estado teve como primeira grande influência as teorias que pregavam a consolidação do princípio da propriedade privada, teorias desenvolvidas pelas citadas escolas de juristas de Bolonha, que trabalhavam com as normas contidas no *Corpus iuris civilis* emanado pelo imperador bizantino Justiniano e procuravam elaborar novas concepções sobre a constituição e o papel do Estado. No campo da teoria do Estado e das liberdades fundamentais, essas escolas elaboraram as suas doutrinas tentando, sobretudo, limitar o poder espiritual do papado em relação ao poder temporal e, num segundo momento, como poderá ser constatado nas próximas páginas, limitar o poder do príncipe em relação à sociedade civil.

Irnerio. Milano: Giuffrè, 1954; BESTA, Enrico. L'opera d'Irnerio. Sala Bolognese: A. Forni, 1980; SPAGNESI, Enrico. Wernerius bononiensis iudex. La figura storica di Irnerio. Firenze: Olschki, 1970.

[19] Francesco Accursio nasceu na Toscana em torno a 1181 e morreu em Bolonha em 1263. Realizou uma obra fundamental para o desenvolvimento da ciência jurídica ao sistematizar as glossas elaboradas pelos demais juristas que compunham a escola de Irnério e Azzone. Na mesma linha de Irnério, Accursio defendeu a tese de que o papado não possuía nenhum tipo de jurisdição sobre os assuntos temporais, mas comente no campo espiritual. Neste sentido afirmava textualmente que o direito civil não poderia ser submetido ao direito canônico. Vedi, FORT, Francesco. Opus cit., p. 167; ULLMANN, Walter. Principi di governo e política nel Medioevo. Bologna: Il Mulino, 1982, p. 153.

[20] Cino da Pistoia nasceu em 1270 e morreu em 1337, sendo, portanto, coetâneo de Dante Alighieri. Tendo vivenciado o humanismo que aflorava na sociedade italiana da época, tomou uma posição severa em relação ao poder espiritual, afirmando que o Imperador recebia o seu poder do povo e, por tanto, não deveria responder ao papado pelos seus atos. Deste modo, antecipou e influenciou as teorias de Dante e de Marsílio de Pádua. Vide, a respeito ULLMANN, Walter. Opus cit., p. 399; FORTE, Francesco. Opus cit., p. 175; CHIAPPELLI, Luigi. Vita e opere giuridiche di Cino da Pistoia. Sala Bolognese: A. Forni, 1980; GRAHAM SISTRUNK, Timothy. Law custom and language: ideas in practice in the legal weitings of Cino da Pistoia. Ann Arbor: University of Kansas, 1995.

[21] SABINE, George H. Opus cit., p. 226. A respeito do resgate do direito romano na Idade Média, vedi as obras de SAVIGNY, Friedrich Carl Von. Geschichte des Röminschen Rechts in Mittelalter. Heidelberg: Mohr, 1831(em 3 volumes); COING, Helmut. Handbuch der Quellen und Literatur der neuren europäischen Privatrechtsheschichte. Erster Band: Mittelalter (1100-1500). Die gerlehrten Recht und die Gesetzgebung. Munchen: Beck Juristicher, 1973: GALASSO, Francesco. Medioevo del diritto. Le fonti. Milano: GiuffrÈ, 1954; CAVANNA, Adriano. Storia del diritto moderno in Europa. Le fonti e il pensiero giuridico. Milano: Giuffrè. 1982; ELLUL, Jacques. Histoire des institutions. Le moyen age. Paris: PUF. 1999.

A teoria do Estado elaborada por Irnério, em particular, parte da noção jurídica de *universitas*, ou seja, um conjunto de pessoas juridicamente ordenado que provê as necessidades dos seus membros e, desse modo, passa a ser fonte de normas jurídicas vinculantes para os indivíduos que deste fazem parte. Estendendo ao Estado esta noção, que por si mesma pertence ao Direito privado, Irnério elabora uma concepção individualista do Estado, que contrasta profundamente com as doutrinas organicistas que tinham se afirmado com os pensadores eclesiásticos. Este Direito se divide em duas partes: o comum, que diz respeito ao que é permitido aos indivíduos no que concerne às coisas privadas; e, o público, inerente à *universitas*[22]. No primeiro caso, se desenvolve a *utilitas privata*, no segundo, a *utilitas publica*, sendo que esta última pode prevalecer sobre a privada, mas somente em determinadas condições e não através de uma atitude de prevalência a *priori*. De resto, a noção de Estado, ou comum, como universitas de pessoas, exclui uma *utilitas publica* que transcenda os interesses dos cidadãos por se referir ao Estado como entidade superior. Por isso, a teoria do Estado irneriana não contemplava a possibilidade de *utilitas publica* ser entendida como "razão do Estado", ou seja, interesse estatal superior e frequentemente imprevisível. Trata-se de uma possibilidade que somente virá a se realizar no Renascimento[23].

A teoria desenvolvida por Francesco Accursio também partia de princípios de Direito privado para alcançar o direito do Estado e, posteriormente, fixar limites que tutelassem algumas liberdades fundamentais. Nessa perspectiva, afirmava o princípio da autonomia do *jus civilis* em relação ao Direito canônico, ou seja, o poder espiritual, enquanto, dotado de jurisdição nas coisas espirituais, não poderia intervir na jurisdição temporal, sendo as duas esferas separadas. Na disciplina do direito de sucessão, por exemplo, Francesco Accursio afirmava que uma intervenção jurídica das instituições eclesiásticas seria "usurpação".

É fácil compreender o significado de tal afirmação no que concerne ao direito de propriedade. Accursio, por outro lado, mesmo afir-

---

[22] Ver, a respeito, CALASSO, Francesco. I Glossatori e La Teoria della Sovranità. Milano: Giuffrè, 1957, p. 92 ss.

[23] Vedi FORTE, Francesco. Op. Cit., p. 160. Vedi também CALASSO, Francesco. Op. Cit., p. 238; e as obras ROTA, Antonio. Lo stato e Il diritto nella Consezione di Irnerio. Milano: Giuffr, 1954; BESTA, Enrico. L'opera d'Irnerio. Sala Bolognese: A. Forni, 1980.

mando que o príncipio é *legibus solutus* (mas como limites), ou seja, podendo fazer e modificar as leis, sustenta que ele também é subordinado, nos seus atos, às leis vigentes. Deste modo, não poderia criar tributos valendo-se da sua autoridade discricionária.

Francesco Accursio também defendia a existência de um Direito natural e das gentes baseado na equidade e na natureza humana, elementos que estariam acima de todo o sistema legislativo. Esta formulação hierárquica das fontes do Direito, por si mesma, não difere daquela elaborada anteriormente pelo jurista Azzone. Porém, adquire maior relevo operativo, enquanto, como citado há pouco, para Accursio, a jurisdição temporal nunca poderia ser sujeita há pouco, para Accursio, a jurisdição temporal nunca poderia ser sujeita à espiritual, ou seja, ao Direito canônico. O único limite desta última seria o Direito natural e das gentes. A partir da existência de um Direito natural e das gentes superior ao estatal, se poderia Dhegar à conclusão de que o poder fiscal e de regulamentação da vida econômica, por parte do príncipe, tenha limites bem definidos, conexos à "utilidade pública" que o justifica. Desse modo, Francesco Accursio afirmava que os decretos imperiais não poderiam ir contra o direito das gentes no que diz respeito à expropriação de propriedades privadas, não podendo ordenar que "uma coisa de outro seja dada a mim" [24].

Para Accursio, o poder imperial e o poder real eram funções ou dignidades estabelecidas com o objetivo específico de assegurar a preservação e o bem-estar das comunidades a que o governante estava a serviço. Essas funções eram imortais, assim como o eram as comunidades, e eram distintas dos indivíduos mortais que as exercem.

Desse modo, o poder dos monarcas era delimitado pelos objetivos que faziam com que a monarquia existisse, que poderiam ser reclamados na exigência de respeito ao bem comum[25]. Nessa passagem do pensamento de Accursio pode-se observar uma clara influência do pensamento jurídico e político de Tomás de Aquino[26].

---

[24] FORTE, Francesco. Op. Cit.,p. 167.

[25] CANNING, Joseph. Histoire de la pensée politique moderne. Op. Cit., p. 226.

[26] Sobre a obra política de Tomás de Aquino, ver, WOLKMER, Antonio Carlos. O Pensamento Politico Medieval: Santo Agostinho e Santo Tomás de Aquino. Crítica Jurídica, n º19 (2001), p. 15 ss; e, as obras DE BERTOLIS, Ottavio. Il diritto in san Tommaso d'Aquino. Um'indagine filosófica. Torino: Giappichelli, 2001; PIZZORNI, Reginaldo. Diritto naturale e diritto positivo in s. Tommaso d'Aquino. Bologna: ESD, 1999; VILLEY,

Tendo sido amigo pessoal de Dante, o nome de Cino de Pistoia é intimamente ligado à escola dos comentadores que, no contexto específico do Direito romano, remontando ao final do século XIII, elaborou a aplicação dos métodos aristotélicos de raciocínio à interpretação do *Corpus iuris civilis*, representando, em certos aspectos, o ápice da jurisprudência civil na Idade Média[27].

No que diz respeito ao direito do Estado, Cino afirmava que o Império teria uma missão divina, mas que o poder do imperador emanava única e exclusivamente do povo. Antecipando a teoria de Marsílio de Pádua, afirmava que o imperador não deveria responder ao papado, mas somente ao povo, que está na raiz da soberania. Nesta perspectiva, perdia a validade o princípio de que somente ao príncipe fosse lícito fazer as leis. Sendo portadores da soberania, também o povo, o senado, o prefeito poderiam legislar. Ainda neste âmbito, afirmava que, se fosse verdade que o povo romano produzia leis e costumes, efetivamente essas não eram observadas fora das muralhas da cidade. O príncipe, por outro lado, é *dominus* das coisas dos indivíduos somente *ad iurisdictionem et gubernationem*, ou seja, no que diz respeito à jurisdição e ao governo. No campo das liberdades fundamentais, Cino reconhecia ao cidadão o direito de resistência, se a autoridade pública exercitasse *iniusta et notoria violentia*. No que diz respeito às relações do Estado com o direito de propriedade, o autor era bastante radical para o contexto político: toda vez que o príncipe quisesse, com a expropriação, limitar tal direito, seria necessário uma causa justa[28]. O mesmo acontecia no que se refere à renovação de uma lei em vigor, ou seja, o príncipe somente poderia fazê-lo se houvesse uma causa justa[29].

A influência dos autores citados pode ser observada em três fatores amplamente presentes na obra política do poeta florentino: a) a consolidação do princípio da propriedade privada e a sua utilização como limite ao poder espiritual e, posteriormente, ao Estado; b) o resgate das instituições públicas e privadas do Direito

---

Michel. Questions de Saint Thomas sur le droit et la politique. Paris: PUF, 1982.

[27] CANNING, Joseph. Histoire de la pensée politique moderne. Op. Cit., p. 219

[28] FORTE, Francesco. Op. Cit., p. 174.

[29] CANNING, Joseph. Histoire de la pensée politique moderne. Op. Cit., p. 220.

romano; c) a existência de direitos naturais que limitavam o poder da *autoritas*, tutelando a liberdade e a dignidade humana.

A análise da distinção entre os conceitos de "público" e de "privado" e o estudo sobre a racionalidade que revestia o ordenamento jurídico romano, ambos realizados pelos juristas de Bolonha, compuseram as bases das contestações elaboradas pelo poeta ao poder espiritual, conduzindo à convicção de que o Estado era por natureza secularizado. Do mesmo modo, o exame dessa distinção propiciou o aprofundamento e amadurecimento das convicções dos pensadores e juristas do humanismo medieval quanto à necessidade de salvaguardar a liberdade e a dignidade humana em relação às intervenções do Estado e a terceiros, gerando os elementos teóricos que posteriormente viriam a constituir os fundamentos da teoria relativa aos direitos e liberdades fundamentais.

Desse profundo conhecimento da experiência vivida por Roma, também se originou a afirmação do filósofo florentino de que o Sacro Império Romano Germânico se contextualizava como uma "continuação" do Império Romano[30].

É bastante clara, também, a influência de alguns postulados de Tomás de Aquino sobre a obra política de Dante. Estes eram, acima de tudo, princípios apresentados na *Summa theologiae*, na *Summa contra gentiles* e nas obras de caráter eminentemente político do aquinate, tais como *De regimene principum*, escrita em 1274 e o "Comentário à Política de Aristóteles". Neste sentido, é importante salientar que, nos seus escritos, Tomás segue à risca a teoria política aristotélica, transmitida ao Ocidente por Averroes, filósofo árabe-andaluz do século XI. Do mesmo modo pode-se afirmar, com certeza, que Dante, como leitor de Tomás e como grande parte dos filósofos políticos da Idade Média, se insere num quadro amplamente condicionado pelo aristotelismo.

É notória a existência de grandes diferenças entre as teorias do Estado desenvolvidas pelo poeta florentino e pelo teólogo aquinate. Mas é possível notar uma aproximação entre os mesmos em três momentos da suas teorias políticas: o primeiro, ligado ao reconhecimento da autoridade do Estado como entidade política; o segundo, ao considerar o destino terreno e mundano do homem; o terceiro, ao

---

[30] Ver, a respeito PARISSE, Michel. Empire. In: E GOFF, Jacques et SCHMITT, Jean-Claude. Op. Cit., p. 346 ss.

considerar o aspecto racional do conhecimento através da distinção entre verdade de fé e verdade de razão[31].

Esses três elementos se articulam num quadro teórico onde o Direito natural vem ligado ao elemento formal da natureza humana, a *ratio naturalis*, em que a lei ou o Direito natural intrínseco ao homem seriam a mesma natureza humana que se exprime racionalmente, ou seja, a pessoa humana. Este é o dinamismo aristotélico aplicado à ordem moral e jurídica: o homem se aperfeiçoa realizando na sua conduta a condição de homem expressada acima de tudo pelos ditames da sua razão natural. Deste modo, o Direito natural passava a ser considerado como obra da razão[32].

Através desse direito natural, fruto da razão, Tomás e Dante concebem os instrumentos que viriam a dar autonomia ao Estado e, em segundo momento, limitar o poder do mesmo. Essa perspectiva vê a constituição do Estado como uma entidade forte, mas que não deve ser prepotente[33]. Um Estado forte em benefício dos cidadãos, que se paute pelo respeito da dignidade humana e da liberdade individual, não esmagando a sociedade civil e o ser humano.

Tal quadro faz com que as instituições políticas venham a se refletir na célebre afirmação de Tomás, de que "(...) a política não constrói os homens, mas os pega como a natureza os fez, devendo utilizá-los como esses são"[34]. Segue na mesma direção a leitura fornecida pelo autor na *Suma Teológica*, ao afirmar que "estão sujeitas ao governo do homem as coisas que um homem pode fazer: mas as que pertencem à natureza do homem, como ter uma alma,

---

[31] RUSSO, Vittorio. Op. cit., p. 17

[32] Segue nessa direção Reginaldo Pizzorni, ao afirmar que, na visão tomista, o: "(...) diritto naturale in senso pieno è prima di tutto opera della ragione, ma possiamo anche ben dire che il diritto naturale è una irradiazione dinamica della natura sulla ragione e, viceversa, una irradiazione illuminante della ragione sulla natura, per cui una natura, assunta solo in obliquo per l'esaltazione della ragione e, viceversa, una ragione esaltata sopra le forze della natura, sono versioni parziali della realtà umana e pertanto fondamenti incompleti del diritto naturale". In: PIZZORNI, Reginaldo. Op. cit., p. 394.

[33] Idem, ibidem.

[34] "Homines autem non facit política, sed accipit eos a natura generatos, et sic utitur ipsis". (In: I Politica, lect. 8, n. 131).

as mãos ou os pés, não estão sujeitas a este governo" [35]. Trata-se de sentenças que admitem a existência de direitos naturais que devem ser respeitados por todos os homens e pelo próprio Estado como direitos natos, sacros, invioláveis. Nessa perspectiva, todo Estado que não levar em consideração e não respeitar a natureza, a dignidade humana e o fim essencial para o qual o Homem foi criado, será considerado como inumano e criminoso. Desse modo, a autoridade política sofre uma severa limitação nas suas atribuições, em prol do respeito à personalidade humana[36].

Baseado em tais postulados, Dante se dedicou longamente a distinguir o *homo spiritualis do homo animalis, o cives do fidelis*[37], obra iniciada pelo teólogo dominicano, mas que, até então, não tinha tido aplicação prática[38]. Pode-se afirmar, neste sentido, que a distinção acima citada serviu como um dos principais fundamentos para a tutela do sujeito do Direito na obra política dantesca.

---

[35] "Humanae enim gubernationi subduntur ea quae per homines fieri possunt: quae vero ad naturam hominis pertinent, non subduntur gubernationi hmanae, scilicet quod homo habeat animam, vel manus aut pedes". In: D'AQUINO, S. Tommaso. La Somma Teologica. Bologna: ESD, 1991, p. 81. Ver a respeito OLGIATI, Francesco. Il concetto di giuridicità in San Tommaso d'Aquino. Milano: Vita e Pensiero, 1955, p. 9 ss.

[36] Desta pode-se concluir que o pensamento político tomista considerava toda tirania como uma violação aos direitos naturais, infrações das leis que Deus colocou como regaras para a vida dos homens. Torna-se claro, então, a convicção de que a liberdade natural dos cidadãos, assim como dos povos, deveria ser respeitada, sendo que os opressores dessa deveriam ser proclamados e tratados como déspotas. Vide, PIZZORNI, Reginaldo. Op. cit., p. 396

[37] Vide, a propósito, ULLMANN, Walter. Op. cit., p. 344 ss.

[38] As diferenças entre as teorias de Dante Alighieri e Tomás de Aquino passam a ser latentes quando estes tratam do tema da independência do Império em relação à Igreja. O mesmo acontece no que diz respeito a outro importante pensador ativo os séculos XII e XIII, o britânico John de Salisbury. Nesta perspectiva, como afirma George Sabine "All three men conceived Europe as a unified Christian community governed by the two divinely appointed authorities, the sacerdotium and the imperium, which are vested in the two great medieval institutions, the church and the empire. All three look at political and social questions from the point of view of the religious and ethical tradition of the earlier Middle Ages, and Thomas and Dante are still under the control of this tradition, though they have adopted Aristotle as the best technical medium in which to express their ideas. Of the two Dante, though he wrote a half-century later, is the more bound by the tradition, since the empire which he defends never existed outside the realms of imagination". SABINE, George H. Op. cit., p. 225.

A dramática situação política pela qual passava a península italiana e a sensibilidade diante desses novos paradigmas, trazidos pelos juristas bolonheses e por Tomás de Aquino, conduziram Dante a refinar a sua teoria sobre o Estado. Nesta perspectiva, o autor desenvolveu uma longa e brilhante defesa do que denominava *Monarquia*, apresentando-a como o único sistema capaz de estabelecer a garantir regras para o novo modo de conceber as relações políticas e sociais[39]. Por isto é possível afirmar, em tal contexto, que a *Monarchia* se configurou como uma intervenção com fins precisos, vinculada a uma determinada situação histórica. Uma tentativa complexa de gerar uma resposta teórico-política a questões da dinâmica social do tempo em que o autor vivia. Uma resposta instrumental para os equilíbrios sociais na administração do poder, para a elaboração de linhas teóricas gerais, apropriadas ao desenvolvimento da nova realidade social[40].

Da Comunidade Politicamente Organizada à Monarquia Universal

No que concerne a seus pressupostos filosóficos, é evidente que a obra política de Dantes parte de elementos típicos do pensamento humanista dos últimos séculos da Idade Média. O mesmo pode-se afirmar no que diz respeito à forma como esta é articulada[41]. Nesta perspectiva, utilizando-se de modelos que se referem

---

[39] Dante identifica esta Monarquia temporal diretamente com o cat'xochn (Estado). Na sua concepção, seria o único Estado independente e supremo, perante o qual todos os outros reinos e Estados territoriais possuíriam um caráter quase que provincial. Um Estado cujo território é a terra, e o povo, a humanidade. Ver, KELSEN, Hans. Op. cit., p. 62; GUIMARÃES, Márcia. As Mudanças nas Estruturas Políticas do Feudalismo: o Poder Real no Século XIII. Paper apresentado no III Ciclo de Estudos Medievais, acontecido na UFSC em novembro de 2002.

[40] Ver RUSSO, Vittorio. Impero e Stato di Diritto su 'Monarchia' ed 'Epistole' politiche di Dante. Napoli: Biblipolis, 1987, p. 21 ss.

[41] RICCI, Pier Giorgio. Il Commento di Cola di Rienzo alla 'Monarchia' di Dante. Spoleto: Centro Italiano Studi sull'Alto Medioevo, 1980; NARDI, Bruno. Il Concetto di Impero nello svolgimento del pensiero dantesco. In: NARDI, Bruno (a cura di). Saggi di filosofia dantesca. Milano: Società editrice Dante Alighieri, 1930, p. 215 ss; MACCARRONE, Michele. Papato e Impero nella 'Monarchia'. In: Nuove lettere dantesche. Firenze: 1976, p. 259 ss. CAPITANI, Ovidio. Monarchia. Il pensiero político. Cultura e Scuola, n.º 4 (1965), p. 722 ss; SABINE, George H. Op. cit., p. 225 ss.

ao citado movimento cultural, o autor florentino inicia o seu raciocínio partindo da afirmação de que humanidade teria por fim natural desenvolver o máximo possível as virtudes que possui. Segundo Dante, a maior destas virtudes é a intelectual[42], sendo que, por meio dela, seria possível fazer com que a humanidade alcançasse a felicidade sobre a terra.

Como se pôde observar nestas primeiras afirmações, Dante exaltava o intelecto do ser humano, apresentando-o como capaz de autonomamente conduzir a sociedade humana à felicidade. Uma exaltação que, naquele período, passava a se revestir de um caráter eminentemente político, em nítido contraste com o discurso adotado pela Igreja. Dante o faz, partindo do pressuposto de que o ser humano, com as suas virtudes e capacidades, pode recriar uma espécie de paraíso terrestre sem a intervenção direta da entidade divina.

Na evolução do seu tratado, tais aspectos políticos vão sendo salientados cada vez mais, fazendo com que se torne distante a hipótese de uma vida em sociedade submetida ao poder espiritual.

Nesta perspectiva, o autor continuou a sua reflexão afirmando que a realização de tal coletivo (a felicidade) somente poderia acontecer através da vida em comunidade[43].

Torna-se evidente, em tal contexto, que o autor se refere à vida comunitária politicamente organizada.

Esta *vita* deveria ter como objetivo imediato e incondicional a manutenção da paz[44], da justiça[45] e da liberdade[46], três valores considerados pelo autor como meios necessários para alcançar o fim último da humanidade. Para isto, seria de fundamental importância que a nova forma de governo apresentasse as condições necessárias

---

[42] "Patet igitur quod ultimum de potentia ipsius humanitatis est potentia sive virtus intellectiva". In: ALIGHIERI, Dante. Monarchia. Op. cit., p. 8 (Livro I, iii, 7).

[43] "finis totius humanae civilitatis". In: Idem p. 7 (I, iii, 1).

[44] "Ex hiis ergo que declarata sunt patet per quod melius, ymo per quod optime genus humanum pertingit ad opus proprium; et per consequens visum est propinquissimum medium per quod itur in illud ad quod, velut in ultimum finem, omnia nostra opera ordinantur, quia est pax universalis (...)". In: Idem, p. 10 (I, iv, 5).

[45] "mundus optime dispositus est cum iustitia in eo potissima est". In: Idem, p. 18 (I, xi, 1).

[46] "(...) humanum genus ptissime liberum optime se habet". In: Idem, p. 26 (I, xii, 1).

para garantir a manutenção desses três valores, garantindo, desse modo, a realização da felicidade.

A manutenção da justiça é considerada pelo autor como o instrumento apropriado para a elaboração de princípios gerais de direito na *Monarquia*. Princípios que todas as legislações particulares poderiam ter como ponto de referência mantendo a sua própria autonomia: *"Habent namque nationes, regna et civitates intra se proprietates, quas legibus differentibus regulari oportet: est enim lex regula directiva vite"* [47].

A liberdade, por sua vez, é considerada como bem essencial para a vida em comunidade, precisamente por essa depender somente de si mesma, e não de outros[48], como, pelo contrário, acontecia no caso de governos corruptos, fossem eles democráticos, oligárquicos ou tirânicos[49].

Em uma análise mais aprofundada, pode-se constatar que essa exaltação humanista de valores como justiça e liberdade veio a constituir os fundamentos dos princípios adotados em matéria nas declarações americana e francesa dos direitos dos homens. Diferenciando-se dos documentos medievais anglo-saxões, tais como a *Magna carta*, que representava os interesses de uma determinada classe social em ascendência, os valores proclamados por Dante e pelos demais humanistas medievais e do Renascimento falavam de liberdade dos homens e de justiça entre os homens. Isso, independente de qualquer condição social. Nesta perspectiva, pode-se afirmar que o pensamento do poeta florentino e de seus colegas huma-

---

[47] Idem, p. 34 (I, xiv, 5). É significativo, neste âmbito, o fato de Dante ter adotado no seu vocabulário o termo natio, naquela época usado por poucos. Tal fenômeno demonstra claramente o quanto o autor florentino se encontrava influenciado pelas teorias medievais do Direito natural. Nessa perspectiva, como afirma Walter Ulmann, é com Tomás de Aquino e com Dante que a natio passa a substituir a noção de gens, até então utilizada pelos pensadores do Império Romano e da Alta Idade Média. In: ULLMANN, Walter. Op. cit., p. 349. Vide, também, GIERKE, Otto Von. Teorías Políticas de la Edad Media. Madrid: Centro de Estudios Constitucionales, 1995, p. 70; KELSEN, Hans. Op. cit., 101.

[48] "Genus humanum solum immperante Monarcha sui et non alterius gratia est: tunc enim solum politie diringutur obliqué – democratie scilicet, oligarchie ataque tyrampnides (...)". In ALIGHIERI, Dante. Monarchia. Op. cit., 28 – I, xii, 9.

[49] Governos que, segundo o autor florentino, "in servitutem cogunt genus humanum" (Idem, p. 28 (I, xii, 9). Ver, a propósito, RUSSO, Vittorio. Op. cit., p. 23 ss; KELSEN, Hans Op. cit., p. 102.

nistas se encontra muito próximo, em uma mesma linha genealógica, dos direitos e liberdades fundamentais tutelados pelas declarações modernas e as constituições contemporâneas.

Através do raciocínio acima apresentado, Dante atinge o seu objetivo, ou seja, legitimar o que ele afirma ser uma "monarquia universal", única forma de governo em condições de gerar a felicidade sobre a terra.

Os traços delineados na *Monarquia* revestem essa inovadora forma de governo de um caráter unitário e universal, que impediria, segundo o autor, que a mesma fosse condicionada por interesses territoriais ou materiais[50] – coisa que na época frequentemente acontecia com o governo das cidades italianas, dilacerados pelos conflitos de interesse entre papado e Sacro Império.

Nesta perspectiva, torna-se claro o modo como Dante Alighieri concebeu a organização da humanidade. Esta se daria naturalmente, fundamentada sobre um modelo de Estado que, graças a sua própria constituição, seria "justo" e "sábio". E tal Estado seria, nesta linha de raciocínio, o único instrumento capaz de construir, através das *práxis* ética, a felicidade terrena. É significativo, neste contexto, constatar que os postulados defendidos por Thomas Jefferson na elaboração da constituição dos Estados Unidos da América se aproximam muito do pensamento político de Dante. Para Jefferson, assim como Dante, a felicidade teria como pressupostos básicos a liberdade e a justiça, devendo ser buscadas e tuteladas pelo Estado[51].

As características delineadas por Dante para tal *Monarquia*, assim como a tumultuada vida política que levou o autor – entre fugas e condenações emanadas pelos partidários do papado –, tornava evidente a referência ao Sacro Império Romano-Gêrmanico. Uma leitura atenta dos escritos políticos do grande poeta humanista não deixa dúvidas quanto ao fato do Sacro Império se contextualizar como a encarnação viva da "Monarquia universal". Nesta qualidade, Dante passava a proclamar o Império como a única instituição política em condições de garantir justiça desinteressada, liberdade e paz[52].

---

[50] "Monarchia non habet quod possit optare: sua nanque iurisdictio terminatur Occeano solum". In: ALIGHIERI, Dante. Monarchia. Op. cit., 22 (I, xi, 12).

[51] Ver, a respeito, BARBATO, Maurizio. Thomas Jefferson o della felicità. Palermo: Sellerio, 1999.

[52] RUSSO, Vittorio. Op. cit., p. 23 ss. Além da corrente que visava consolidar o poder papal e a que busca-

A Autonomia do Estado e a Redefinição do Papel do Poder Espiritual

Essa exaltação do Sacro Império faz com que, de certo modo e em um primeiro momento, Dante prescindisse, ignorasse a influência do poder espiritual sobre a política mundana. Tudo vem elaborado como se, naturalmente, o poder exercido pelo Sacro Império fosse recebido direto de Deus, da mesma forma como Adão recebeu o Paraíso do Criador. Sem a interferência ou mesmo a presença de supostos intermediários. Porém, a construção teórica de Dante não poderia deixar uma questão tão problemática quanto as relações entre o poder espiritual e o poder temporal sem uma resposta adequada. Deste quadro se originou o segundo momento do pensamento político dantesco, ou seja, uma vez concebido o Sacro Império como tendo o seu poder descendente direto do Criador, tornava-se necessário redefinir o papel do poder espiritual da Igreja[53].

A argumentação de Dante neste sentido se inicia com a afirmação de que não existiria uma hierarquia entre o poder temporal exercido

---

va fortalecer o poder do imperador, pode-se notar a presença cada vez mais frequente, na Teoria do Estado do século XIII, de uma terceira corrente de caráter "nacionalista". Esta tentava subtrair o poder temporal do poder espiritual fortalecendo as nascentes monarquias nacionais, e, com isto, dando um papel periférico ao Sacro Império. O principal pensador de tal corrente era o teólogo dominicano Jean de Paris, que, em 1302, publicou a obra De potestade regia et papali, onde negava a autoridade do pontífice sobre o poder temporal, assim como a autoridade mundial do Imperador. Outro pensador da corrente "nacionalista" foi o também francês Peter Dubois, que no mesmo período escreveu a Disputatio inter miliem et clericum. Ver, a respeito, KELSEN, Hans. Op. cit., p. 33 ss.

[53] Também ao longo das suas outras obras, não somente de teor político, é possível constatar críticas de Dante à usurpação do poder temporal, que teria sido realizada pela Igreja ainda nos últimos séculos do Império Romano, perpetuando-se até os dias em que viveu o autor florentino. Esta usurpação teria acontecido em relação ao poder secular do Império que, segundo o autor, teria sido "doado" pelo Imperador Constantino ao Pontificado. Prerrogativas imperiais e bens temporais que, ainda segundo Dante, a Igreja não poderia ter aceitado, já que esta não poderia possuir bens, mas somente administrá-los. O fato de a Igreja ter aceitado esta doação e ter reduzido durante séculos o poder temporal, submetendo-o aos caprichos da autoridade eclesiástica, era imperdoável para o poeta florentino. Tanto é verdade, assim como é significativo, que Dante colocou no Inferno (parte da obra A Divina Comédia) o Papa Bonifácio VIII, culpado por ter negado o Império e por ter procurado torná-lo um instrumento passivo da própria sede de poder político. Ver, a respeito, as obras de ERCOLE, Francesco. Sulla genesi e sul contenuto del trattato della 'Monarchia' di Dante. Palermo: Sandron, 1923; e, do mesmo autor, Il Pensiero político di Dante. Milano: Alpes, 1928.

pela Monarquia e pelo poder espiritual[54]. Nesta perspectiva, cada um teria a sua própria fonte autônoma. A da Igreja na sua missão divina, a Monarquia na missão de criar uma"sociedade universal" onde encontrassem pacificamente todos os homens, permitindo o completo desenvolvimento dos mesmos[55].

É importante salientar neste contexto que a discussão em torno do dualismo de poderes e do papel a ser desempenhado por cada um deles na criação já tinha antecedentes na filosofia política medieval[56]. Baseados em uma passagem do evangelho de Lucas (22,38), diversos filósofos e teólogos anteriores ao poeta florentino tinham elaborado uma exaustiva doutrina, onde os dois poderes vinham apresentados como "duas armas para combater o diabo" [57]. Inicialmente, através dos postulados pregados pelo Papa Gregório VII,

---

[54] A razão deste postulado está no fato do autor florentino acreditar que a felicidade temporal não estaria subordinada à espiritual. Segundo Dante, estas se contextualizariam como o resultado de duas vias distintas, a filosófica e a teológica: "Duo igitur fines providentia illa inenarrabilis homini proposuit intendendos: beatitudinem scilicet huius vite, que in operatione proprie virtutis consistit et per terrestrem paradisum figuratur; et beatitudinem vite eterne, que consistit in fruitione divini aspectus ad quam propria virtus ascendere non potest, nisi lumine divino adiuta, que per paradisum celestem intelligi datur". In: ALIGHIERI, Dante. Monarchia, Op. cit., p. 142 (III, xv, 7). Ver também, ROMANAZZI TÔRRES, Moisés. A Literatura de Defesa do Sacro Império Romano Germânico: Dante Alighieri e Marsílio de Pádua. Paper apresentado no III Ciclo de Estudos Medievais, acontecido na UFSC em novembro de 2002.

[55] Como afirma Francesco Forte, é possível constatar nesta passagem do pensamento político de Dante a influência de Aristóteles. Esta se manifesta quando o autor Fiorentino prevê que a sociedade universal poderia se tornar possível graças à sociabilidade dos homens. Vide, FORTE, Francesco. Op. cit., p. 207.

[56] WATT, John A. Pouvoir spirituel et pouvoir temporel. In: BURNS, James H (Ed.). Op. cit., p. 352 ss.

[57] A passagem citada narra o momento posterior à Santa Ceia, onde Jesus prediz a negação de Pedro e o seu próprio suplício. Este vem conjugado com as palavras de Jesus no momento da sua prisão, acontecida no Horto das Oliveiras (22, 47-53), quando os guardas do sinédrio se aproximam de Jesus para prendê-lo. Nessa ocasião, Pedro toma uma espada e corta a orelha de um dos guardas. Vendo o acontecido, Jesus manda Pedro recolocar a espada na bainha e cura o soldado ferido. A arma utilizada pelo apóstolo, condenada por Jesus, vem contextualizada pela doutrina como o poder temporal, enquanto que a "arma" utilizada por Jesus seria o poder espiritual. A utilização de tal passagem evangélica vinha reforçada por outros trechos do Novo Testamento, tais como o versículo 17 do capítulo 6 da Epístola aos Efésios, onde Paulo identificava a "palavra de Deus" como a "espada do espírito": "Tomai, enfim o capacete da salvação e a espada do Espírito, isto é, a palavra de Deus". Ver, a respeito, WATT, John A. Pouvoir spirituel et pouvoir temporel. In: BURNS, James H (Ed.). Op. cit., p. 350. Vide, ainda KELSEN, Hans. Op. cit., p. 126 ss.

tentou-se impor o primado do poder espiritual sobre o temporal[58], mas o contínuo fortalecimento do Sacro Império fez com que o debate em torno da autonomia de um poder em relação ao outro ganhasse uma dimensão cada vez maior[59].

Nesse contexto, Dante iniciou a sua explanação em defesa da autonomia do poder temporal afirmando a legitimidade do Império Romano no plano divino[60]. Tratava-se de uma afirmação polêmica e controvertida, realizada com fins precisos, ou seja, comprovar que o Estado de direito teria a sua fonte direta em Deus. Nessa perspectiva, o autor florentino afirmava que o surgimento e a expansão de tal Império teria acontecido por desejo da Providência Divina[61]. Tal argumentação foi desenvolvida através de três afirmações: a) que o poder imperial tinha tido o direito como fonte[62]; b) que o povo romano era nobre nos seus atos[63]; c) que

---

[58] Sobre o Papado e o poder temporal, vide, GIERKE, Otto Von. Op. cit., p. 74.

[59] Um dos principais méritos de Dante, no que diz respeito aos seus antecessores, foi o de lançar as bases da teoria do Estado em uma cultura laica, ou seja, sobre o direito, de um modo claro e preciso. Ver. A propósito, RUSSO, Vittorio. Op. cit., p. 29.

[60] "Deum Romanum principem predestinasse relucet in miris effectibus". In: ALIGHIERI, Dante. Epistole. Op. cit., p. 59 (V, 22). Tal afirmação se baseia num postulado de Agostinho de Hipona que, no livro VII da obra De Civitate Dei, afirmava que a vontade de Deus tinha por várias vezes se manifestado na história a favor de Roma.

[61] "Admirabar equidem aliquando romanum in orbe terrarum sine ulla resistentia fuisse prefectum, cum, tantum superficialiter intuens, illum nullo iure sed armorum tantummodo violentia obtinnuisse arbitrabar. Se postquam medullitus oculos mentis infixi et per efficacissima signa divinam providentiam hoc effecisse cognovi (...)". In: ALIGHIERI, Dante. Monarchia. Op. cit., p. 42 (II, i, 3). Como é possível constatar, Dante mistificou alguns fatos históricos na evolução da sua teoria, como aconteceu no que diz respeito às supostas relações entre o Império Romano e a Divina Providência. Neste sentido, são interessantes as críticas de John A. Watt a Monarchia: "Elle (...) croit que, parce que le monarque, supérieur à tous les autres dirigeants, n'aura plus rien à conquérir, Il sera dépourvu de cupidité et, de la sorte, ne pourra manquer d'être un dirigeant juste (...). Elle fait preuve de crédulité lorsqu'elle voit dans la supériorité militaire romaine sur tous les rivaux la preuve que Dieu endosse son leadership mondial (...). Elle expose une théologie bizarre lorsqu'elle prétend que le péché d'Adam n'aurait pas été expié si l'empire romain, dans lequel le Christ est mort, n'avait pas été fondé sur le droit (...)". In: WATT, John A. Pouvoir spirituel et pouvoir temporel. In: BURNS, James H (Ed.). Op. cit., p. 352. Vide, ainda, KELSEN, Hans. Op. Cit., p. 95 ss.

[62] "(Romanorum) potestas de inviolabili iure fluctus Amphitritis attingens vix ab inutili unda Oceani se circumcingi dignatur". In: ALIGHIERI, Dante. Epistole. Op. cit., 86 (VII, 3).

[63] "(...) nobilissimum". In: ALIGHIERI, Dante Monarchia. Op. cit., p. 52 (II, iii, 17).

Roma buscava fundamentar todos os seus atos sobre o direito[64]. É importante salientar, nesse âmbito, o fato de os direitos[65], liberdades e garantias[66] concedidos pelo ordenamento romano ao cidadão tornam o Império romano, aos olhos do poeta florentino, como um exemplo, o melhor exemplo, a ser seguido pelos demais Estados.

As três afirmações acima citadas sobre o surgimento e a expansão do Império causaram muita discussão na época, já que pressupunham que, como Estado de direito, o Império Romano teria tido a sua fonte direta em Deus e que o direito teria existido como valor natural para as sociedades humanas antes e além da legitimação cristã. Isto significava reconhecer que as obras do ser humano poderiam ser legítimas por si mesmas, assim como os objetivos de Deus poderiam se realizar na história antes e

---

[64] "Patet igitur quod quicunque bonum rei publice intendit finem iuris intendit. Si ergo Romani bonum rei publice intenderunt, verum erit dicere finem iuris intendisse". In: Idem, p. 58 (II, v, 4).

[65] Como afirmado em outro contexto, a esfera jurídica romana previa o exercício de determinados direitos civis por parte dos cidadãos. Entre estes, podem ser citados o direito a tria nomina, ou seja, possuir três nomes (praenomen, nomen e cognomen), e o direito de contrair matrimônio (connubium). Este último, por sua vez, acarretava outros direitos, como o regime dotal, o pátrio poder e os direitos sucessórios. Ainda eram considerados direitos dos cidadãos, sempre na esfera civil, o direito ao commercium, o direito a deixar testamento e o direito de testemunhar em um ato jurídico. Como direitos políticos eram previstos o direito a voto em assembleia e o direito de ser eleito magistrado. O cidadão romano possuía ainda a garantia de poder solicitar a intercessio de um tribuno ou de um magistrado e de ser julgado penalmente somente por um tribunal romano. Ver, a respeito, DAL RI JÚNIOR, Arno. Evolução histórica e fundamentos político-jurídicos da cidadania. In: DAL RI JÚNIOR, Arno et OLIVEIRA, Odete M. Cidadania e Nacionalidade. Efeitos e Perspectivas Nacionais, Regionais, Globais, Ijuí: Unijuí, p. 36.

[66] "A libertas que possuía o cidadão romano vinha apresentada no ordenamento jurídico como uma forte limitação ao poder dos magistrados. Gerava o direito de provocatio ad populum (também conhecido como ius provocationis) que, como informa Grosso, se contextualiza como a mais avançada conquista obtida pelo cidadão romano. A utilização deste instituto vem apresentada com muita clareza pela história do cidadão romano Saulo de Tarso, mais conhecido no Ocidente como São Paulo. Em alguns versículos do livro Atos dos Apóstolos, Lucas conta como, em várias ocasiões, São Paulo conseguiu impor a sua libertas de cidadão romano, limitando, e, às vezes, até impedindo, a ação das autoridades romanas que perseguiam os cristãos. O grito civis romanus sum, tantas vezes utilizado por São Paulo, é a afirmação desesperada de um direito perante a autoridade romana, materializado na forma de um forte sistema de garantias jurisdicionais e de proteção da pessoa". In: Idem, p. Ver ainda, GROSSO, Enrico Le vie della cittadinanza. Le Grandi Radici. I Modelli Storici di Riferimento. Padova: Cedam, 1997, p. 135 e, também algumas passagens do livro Atos dos Apóstolos, tais como os capítulos 16 (versículos 35-37), 22 (vers. 25-29) e 25 (vers. 9-12), e In Verrem secundae líber V, de Marco Túlio Cícero, (62, 161-63, 163; 65, 167-65, 168) presentes na obra CICERONE. Il Processo di Verre. Milano: Bur, 1994.

além de qualquer reconhecimento por parte da Igreja[67]. Como esse raciocínio, Dante tornou-se um dos primeiros pensadores a demarcar a linha de separação entre o destino do Homem "natural", enquanto civil na história, e o destino do Homem "espiritual", que pode usufruir também da revelação da lei divina[68]. Com essas afirmações, o poeta fez com que o dualismo entre o poder espiritual e o poder temporal viesse a ganhar uma nova dimensão. O poder temporal passava a ser visto como não tendo a sua origem no poder espiritual, mas somente tendo recebido deste a capacidade de atuar no mundo com maior eficácia[69]. A única ligação entre os dois poderes subsistiria no fato de ambos dependerem de um terceiro elemento – de Deus –, que figuraria neste contexto como um princípio de autoridade superior[70]. Com este, ambos os poderes manteriam laços de dependência específicos e distintos entre si[71]. A diferença entre os laços com a autoridade divina vem acentuada pelo poeta florentino quan-

---

[67] "Ius in rebus nichil est aliud quam similitudo divine voluntatis". In: Idem, p. 46 (II, ii, 5). Baseado principalmente nos escritos de Ricardo Anglicus, Dante afirmou que, por terem existido também outros reis no curso da história, antes que viessem a existir os sacerdotes cristãos, os primeiros teriam tido anteriormente a mesma autoridade que naquele momento histórico tinham os segundos. Esta era a prova de que o poder vinha diretamente de Deus, e não do Papa. Vide, a respeito, WATT, John A. Pouvoir spirituel et pouvoir temporel. In: BURNS, James H (Ed.). Op. cit., p. 358.

[68] Vide, RUSSO, Vittorio. Op. cit., p. 31; e, SABINE, George H. Op. cit., p. 227.

[69] "Sic ergo dico quod regnum temporale non recipit esse a spirituali, nec virtutem que est eius auctoritas, nec etiam operationem simpliciter; sed bene ab eo recipit ut virtuosius operetur per lucem quam in celo et in terra benedictio summi Pontificis infundit illi". In: ALIGHIERI, Dante. Monarchia. Op. cit., p. 108 (III, iv, 20). Tal fenômeno aconteceria através da graça divina que o pontífice concederia com a sua bênção: "Hic est quem Petrus, Dei vicarius, honorificare nos monet; quem Clemens, nunc Petri successor, lucae Apostolicae benedictionis illuminat ut ubi radius spiritualis non sufficit, ibi splendor minoris luminaris illustret". In: ALIGHIERI, Dante. Epistole. Op. cit., p. 57 (V, 10).

[70] "Quos si ita est, solus eligit Deus, solus ipse confirmat, cum superiorem non habeat". In: ALIGHIERI, Dante. Monarchia. Op. cit., p. 144 (III, xv, 13). No que diz respeito à relação entre Deus e o Estado terreno, é significativa a afirmação de Hans Kelsen, segundo o qual: "(...) o Estado terreno deve ser compreendido somente como a parte de todo o edifício do mundo, um membro orgânico daquele Estado divino que abraça céu e terra. Como cada ser em particular ou cada comunidade em geral, mesmo que essa forme uma unidade autônoma, o Estado terreno é somente uma cópia de todo o universo, do domínio de Deus, a qual esse se encontra na relação de macrocosmos com o microcosmos". In: KELSEN, Hans. Op. cit., p. 47.

[71] Tal afirmação do autor florentino, como observa Walter Ullmann, demonstra claramente a influência da teoria política de Tomás de Aquino: "Esiste, secondo Dante, un legame diretto stabilito dalla natura fra l'uomo, la sua società e Dio. È questo veramente il nucleo centrale di tutte le scuole di pensiero che avevano adottato i principi tomistico-aristotelici". In ULLMANN, Walter. Op. cit., p. 346.

do este trata dos objetivos dos dois poderes, que se apresentam bastante diferentes entre si.

Enquanto o poder temporal visaria à busca da felicidade terrena, o poder espiritual visaria a alcançar a felicidade eterna. Os meios para chegar a estes objetivos também seriam distintos.

Para alcançar o objetivo do poder temporal seria necessário o contínuo exercício da filosofia e das virtudes morais e intelectuais[72]. Para atingir o objetivo do poder espiritual, seria necessário o exercício da espiritualidade e das virtudes[73] teológicas[74].

---

[72] "Nam ad primam per philosophica documenta venimus, dummodo illa sequantur secundum virtutes morales et intellectuales operando". In: Idem, p. 142 (III, xv, 7). Ver, também, o comentário de ULLMANN, Walter. Op. cit., p. 347.

[73] Esta classificação, realizada por Vittorio Russo, indica como principais argumentos adversos: 1) é errôneo sustentar que o sol e a lua simbolizam respectivamente o poder espiritual e o poder temporal, que sendo a lua iluminada pelo sol, o poder temporal depende do espiritual. A lua não depende do sol no seu ser, na sua virtude ou no seu movimento, que lhe são inerentes e não são influenciados pela luz do sol. Ao mesmo tempo, o poder temporal, que possui qualidades e virtudes que lhe são próprias, pode funcionar melhor graças à bênção papal, mas efetivamente não depende do pontificado; 2) é errôneo ver no profeta bíblico Samuel, que elevou ao trono e após depôs o rei Saul, um "vigário de Deus", para após deduzir que o papa tem a autoridade de dar e de retirar o poder temporal; de fato, Samuel não agiu como vigário, mas sim como "procurador", tendo autoridade limitada no que diz respeito ao conteúdo e à duração do seu mandato; 3) é errôneo querer assimilar a autoridade do papa, vigário de Cristo, à autoridade de Cristo, que recebe como presentes dos reis magos incenso e ouro, símbolos dos dois poderes; efetivamente, o vigário não pode mais possuir o mesmo poder de quem o investiu com aquele cargo; 4) é errôneo querer ver nas palavras ditas por Cristo a Pedro ("Tudo quanto ligardes na terra será ligado no céu; e tudo quanto desligardes na terra será desligado no céu") a possibilidade por parte do pontífice de fazer e desfazer as leis que dizem respeito ao poder temporal (Mateus 18:15-20); efetivamente, a expressão "tudo quanto" possui um valor relativo, concerne somente às coisas que estão no âmbito de atuação do encargo recebido por Pedro, a quem foram dadas as chaves do céu; 5) é errôneo, quanto à frase dita por Cristo a Pedro "estão aqui as duas espadas", interpretá-las como símbolos dos dois poderes, reunidos nas mãos de Pedro e, posteriormente, dos seus sucessores. Efetivamente, foi Pedro, e não Cristo, que falou das duas espadas (Lucas 22,38) que os discípulos deveriam utilizar para a difusão da nova fé. Neste sentido, significariam "as palavras e as obras" necessárias aos discípulos para realizar o mandato dado por Cristo; 6) é errôneo crer que o imperador Constantino tivesse o poder de doar à Igreja Católica muitas prerrogativas imperiais. Efetivamente, o imperador não podia dividir a unidade do Império, já que isto significaria destruí-lo e ir contra o seu fundamento, ou seja, o direito humano. Por outro lado, a Igreja não poderia aceitar a doação de bens temporais, já que não pode possuir bens (Mateus 10,9), mas somente administrá-los 8) é errôneo pensar que a investidura realizada pelo Papa Adriano a Carlos Magno se constituísse como uma prova da superioridade do poder espiritual em relação ao temporal. Efetivamente, se tratou de uma usurpação, e a usurpação não é fonte de direito. Vide, RUSSO, Vittorio. Op. cit., p. 33.

[74] "(...) ad secundam vero per documenta spiritualia que humanam rationem transcendunt, dummodo illa

Como foi possível observar ao longo deste título, a obra *Monarquia* foi redigida pelo autor florentino dentro do esquema lógico que caracterizava as típicas demonstrações filosóficas medievais.

O terceiro livro que compõe a obra, em particular, tentou se apresentar como uma lição de racionalidade, uma resposta em contraposição à retórica eclesiástica. Uma lição que se utilizou de argumentos adversos e construtivos[75].

A Teoria do Estado elaborada por Dante e os pensadores medievais que o sucederam

A teoria elaborada por Dante teve um grande impacto na cultura jurídica e política do seu tempo. Esta influenciou os principais filósofos e juristas italianos que sucederam o poeta florentino, em particular, como é evidente, os grandes humanistas dos séculos XIII e XIV. Desse modo, podem ser facilmente encontrados elementos da teoria do Estado dantesca nos escritos de autores de relevo, tais como Francesco Petrarca (nas *Rerum Familiarum Libri* e *Rerum Senilium Libri*), Giovanni Boccaccio (no *Trattatello in laude di Dante*), Marsílio de Pádua (no *Defensor Pacis*), Bartolo de Sassoferato (no comentário ao *Corpus iuris civilis*), Giovanni Brancazuoli (no De *principio et origine et potentia imperatoris et papae*), Alberico da Rosciate (no *Dictionarium iuris*) e Giovanni Calderini (*Repertorium iuris*), entre outros[76].

Esse forte impulso dado pela obra de Dante, em plena Idade

---

sequamur secundum virtutes theologicas operando fidem spem scilicet et karitatem". In: Idem, ibidem (III, xv, 8).

[75] Os argumentos construtivos, segundo Vittotio Russo, seriam: 1) efetivamente, a autoridade imperial teve plena validade ainda antes que a Igreja católica se constituísse; 2) a Igreja, segundo os textos bíblicos, não teria recebido autoridade sobre o poder temporal, ou melhor, foi proibida de ocupar-se com a questão temporal; 3) Cristo é o modelo que a Igreja deve seguir, já que este sempre se negou a possuir qualquer tipo de autoridade temporal; 4) o homem tem duas finalidades: a felicidade terrena e a felicidade celeste, sendo que para chegar a estas são necessários o poder temporal do imperador e o poder espiritual do papa. Vide, RUSSO, Vittorio. Op. cit., p. 35.

[76] Do mesmo modo, foram diversos os pensadores medievais que criticaram severamente o pensamento político de Dante e, em particular, a obra Monarchia. Entres estes, podem ser citados Enrico da Cremona (na obra de De potestate papae), Agostinho Trionfi (na Summa de potestate ecclesiastica), Guido Vermani (no De reprobatione Monarchie composite a Dante) e Guglielmo da Cremona (no Tractatus de iure Monarchie). Os teólogos medievais ainda tiveram o cuidado de inserir a Monarchia no Index Librorum Prohibitorum, ou seja, a lista de obras condenadas pela Igreja Católica, de onde foi retirado somente em 1908. Ver, a respeito, RUSSO, Vittorio. Op. cit., p. 13; ULLMANN, Walter. Op. cit., p. 349.

Média, ao estudo do Estado foi fonte de análise durante os vários séculos que se seguiram. O primeiro grande leitor de Dante foi Marsílio de Pádua[77], que se serviu de diversos postulados da obra do florentino para elaborar a sua teoria sobre a separação entre Império e Igreja[78], assim como sobre a representação popular. No último século, destaca-se o estudo desenvolvido por Hans Kelsen, que possui o mérito de ter conseguido fornecer uma leitura atualizada à teoria do Estado *dantesca*.

No que diz respeito a Marsílio de Pádua, os escritos de Dante tiveram uma influência decisiva na elaboração das obras *Defensor Pacis* e *Defensor Minor*. Baseado nos escritos do poeta florentino sobre o dualismo entre os poderes temporal e espiritual, Marsílio pôde elaborar a sua teoria geral do Estado[79] e a representação popular. Como Dante, o filósofo paduano estava convencido de que existia uma incompatibilidade imensa entre os mandamentos e os conselhos do Evangelho e o modo com que o papado exerce o seu poder, intervindo constantemente no poder temporal. Da mesma forma que o pensa-

---

[77] Tendo sido teólogo franciscano, Marsílio nasceu em 1275, em Pádua (Padova), na Itália, e morreu em 1345, em Munique, na Alemanha. Foi também médico e reitor da Universidade Sorbonne, em Paris. Junto com Guilherme de Ockham, fez parte do movimento franciscano que se rebelou contra a autoridade papal impulsionado pelo superior da ordem, Michele da Cesena e pelo imperador Ludovico de Baviera. Sobre a sua obra, em particular a soberania popular, ver MEZZAROBA, Orides. O humanismo latino, a soberania popular e a democracia representativa brasileira contemporânea. In: MEZZAROBA, Orides. Humanismo Latino e Estado no Brasil. Florianópolis: Fundação Boiteux, 2003, p. 60 ss; VILLANI, Maria Cristina Seixas. Origens medievais da democracia moderna. Belo Horizonte: Inédita, 2000, p. 41 ss; e as obras STREFLING, Sérgio Ricardo. Igreja e Poder. Plenitude do Poder e Soberania Popular em Marsílio de Pádua. Porto Alegre: EDIPUCRS, 2002; SABETTI, Alfredo, Marsílio Da Padova e la Filosofia Politica del Secolo XIV. Napoli: Editoriale Scientifica, 1995; e, PIAIA, Gregorio. Marsílio e Dintorni. Contributi alla Storia delle Idee. Padova: Antenore, 1994.

[78] Mesmo assim, é importante salientar o fato de subsistirem grandes diferenças entre as teorias do Estado elaboradas pelo poeta florentino e pelo teólogo paduano. Vide, a respeito, KELSEN, Hans. Op. cit., p. 177.

[79] John A. Watt identifica Dante e Marsílio como os principais pensadores italianos que se dedicaram a temática das relações entre os dois poderes: "Les deux principaux défenseurs italiens de la dualité, Dante et Marsílio de Padoue, les penseurs qui, plus que tous les autres, représentent la contribution spécifiquement italienne au débat médiéval sur les rapports entre les pouvoirs temporel et spirituel (...) avec eux, La position dualiste traditionnelle de l'empire trouva ses défenseurs les plus éloquents et les plus complets. C'est d'eux que le comportement pontifical et la logique hiérocratique reçurent les critiques les plus sévères et les plus radicales". In: WATT, John A. Pouvoir spirituel et pouvoir temporel. In BURNS, James H (Ed.). Op. cit., p. 388.

dor florentino, Marsílio atribuía a miserável situação política em que se encontrava a península itálica a essa usurpação do poder imperial realizada pelo papado[80]. E, acima de tudo, os dois filósofos italianos se consideravam especialmente investidos da responsabilidade de denunciar o papado como principal destruidor da paz[81].

Como se pode facilmente observar, as propostas lançadas pelo poeta florentino no campo da Política e na construção do Estado medieval puderam render bons frutos nas mãos dos seus sucessores.

---

[80] Para uma comparação, ver Purgatorio, 6; e, Defensor pacis, I, 1, 2.6; II, 26, 19.20.

[81] Paradiso, 27, 64-66; e, Defensor Pacis, I, 19, 13.

LIVRO PRIMEIRO

I

Este parece ser o dever principal de todos os homens predispostos pela natureza superior a amar a verdade: como se enriqueceram com o esforço dos antepassados, assim também devem dedicar suas energias em favor dos descendentes, a fim de que estes, por sua vez, recebam alguma riqueza. Não duvide, portanto, estar muito longe do próprio dever aquele que, instruído nas doutrinas de público interesse, não se preocupe em dar sua colaboração à coisa pública. De fato, ele não é "árvore que, plantada à margem do rio, dá frutos no tempo oportuno", mas antes uma voragem perniciosa que devora sempre e jamais devolve aquilo que devora.

Meditando com frequência a respeito disso, para que um dia não fosse recriminado de ter enterrado o talento, decidi propor-me não somente a amadurecer, mas especialmente a produzir frutos para o bem-estar coletivo e tornar públicas verdades ainda não abordadas por outros.

Com efeito, que fruto produziria aquele que quisesse demonstrar novamente um teorema de Euclides? Aquele que tentasse fazer nova exposição da felicidade, já definida por Aristóteles? Aquele que assumisse a tarefa de defender novamente a velhice, já defendida por Cícero? Realizaria obra supérflua e tediosa e não haveria de trazer utilidade alguma, ao contrário, desagrado.

Ora, entre as verdades ocultas e úteis, o conhecimento da monarquia temporal é muito útil, mas também de todo abandonada; e foi descurada por todos porque não traz qualquer lucro material imediato. Em vista disso, proponho-me em trazê-la à luz das trevas em que jaz, de modo que, empenhando-me com esforço em favor do mundo inteiro, possa conquistar, como primeiro entre todos para glória minha, a palma de tão nobre competição.

É verdade que me proponho obra árdua e que supera minhas forças, mas confio, não tanto em minha virtude, como na luz daquele dispensador "que dá a todos com abundância e sem recriminação".

II

Em primeiro lugar, é necessário procurar saber o que se entende por monarquia temporal, em relação a sua características essenciais e com base em seu significado específico. A monarquia temporal, denominada também império, é, portanto, um único principado e superior temporalmente a todos os outros, inclusive a todas e sobre todas aquelas instituições que são medidas pelo tempo.

Três são as questões fundamentais que, objeto de controvérsia, se levantam em relação à monarquia. Primeiro, duvida-se se é necessária ao bem-estar do mundo; segundo, se o povo romano se atribui de direito o cargo de monarca; terceiro, se a autoridade do monarca deriva imediatamente de Deus ou de outro, ministro ou representante de Deus.

Posto que toda a verdade, que não é um princípio em si mesma, se manifesta pela verdade de algum princípio, é necessário que em toda investigação se possua o conhecimento do princípio ao qual se refere, seguindo o método analítico, para ter certeza de todas aquelas proposições que deverão ser levadas em consideração em seguida. E porque o presente tratado é uma investigação, parece-me oportuno considerar, antes de tudo, o princípio sobre cujo valor se baseiam os outros argumentos que são tratados a seguir.

Deve-se, portanto, saber que há determinadas coisas, de todo desvinculadas de nossas faculdades, que podem ser somente objeto de especulação, mas que não temos condições de produzir. Menciono, por exemplo, os princípios matemáticos, aqueles físicos e os princípios divinos. Outras há, ao contrário, sujeitas a nosso poder, que podem não somente ser objeto de especulação, mas também ser realizadas concretamente. Nessas, a realização não ocorre por causas da especulação, mas precisamente o contrário, porquanto a finalidade delas consiste exatamente em colocá-las em ato.

Entretanto, como a matéria de que tratamos é política ou, melhor, é a fonte e o princípio das justas instituições políticas e, uma vez que tudo o que se refere à atividade política diz respeito a nossas faculdades, é evidente que essa matéria não tem como objetivo prioritário a especulação, mas a ação.

Além disso, como nas ações, princípio e causa de tudo é o fim último – é ele que por primeiro move aquele que age –, resulta que toda a razão das coisas predispostas para um fim deriva do próprio fim. De fato, o motivo pelo qual se corta madeira para construir uma casa é diverso daquele relativo à construção de um navio. Admitida, portanto, a existência de um fim universal do gênero humano, esse princípio será precisamente o fundamento com base no qual todos os temas, que mais adiante serão analisados, se tornarão muito mais evidentes. De fato, seria coisa de estulto supor que exista um fim particular para essa ou aquela comunidade civil e não haja um comum para todos.

III

Agora é necessário examinar qual é o fim de toda a sociedade humana. Quando isso tiver sido feito, mais da metade de nosso trabalho terá sido concluído, segundo afirma o filosofo em *Ética a Nicômaco*[82].

Para sermos claros em nossa investigação, devemos observar que há um determinado fim para o qual a natureza cria o polegar; outro, diverso do precedente, pelo qual cria a mão inteira; novamente outro ainda, diferente de um e de outro dos mencionados, pelo qual cria o braço; depois, outro ainda, distinto de todos esses, pelo qual gera o homem em sua totalidade. De igual modo, se há um fim para o qual a natureza predispõe cada indivíduo, há outro, em vista do qual estabelece a comunidade familiar; e outro que organiza a estrutura do povoado, outro ao qual se subordina a cidade, outro que predispõe o reino. Por fim, ótimo é aquele pelo qual Deus eterno, servindo-se de sua arte, que é a natureza, põe em existência a totalidade do gênero humano. E é precisamente esse fim que se pretende especificar como princípio diretivo da investigação.

Por causa disso, deve-se saber, antes de tudo, que Deus e a natu-

---

[82] Aristóteles, *Ética a Nicômaco*, I, 7.

reza nada fazem inutilmente, mas qualquer coisa trazida à existência destina-se a alguma operação. Com efeito, nenhuma essência criada é o fim último na intenção do criador, enquanto cria, mas é criada para a própria operação. Disso se conclui que não é a operação que tem sua razão de ser essência, mas o contrário, esta em função daquela.

Há, portanto, uma atividade própria de todo o gênero humano, para a qual a própria totalidade dos homens, em sua imensa multidão, se ordena; por outro lado, há atividade que não pode realizar nem o homem sozinho, nem uma família só, nem uma aldeia, nem uma cidade só, nem um reino por si só. Qual seja essa atividade, logo ficará evidente, se for definido o último grau de poder relativo a toda a humanidade.

Afirmo, portanto, que nenhuma faculdade compartilhada por muitos indivíduos de espécies diferentes é o último grau do poder de algum deles. De fato, uma vez que é esse grau extremo que caracteriza a espécie, uma essência seria informada por várias espécies, o que é impossível. O último grau da faculdade no homem não consiste, portanto, em existir pura e simplesmente, pois que da existência participam também os elementos; nem em ser um organismo, porquanto esse se encontra até nos minerais; nem em ser animado, porque isso se encontra também nas plantas; nem em ser apto a captar, porque disso são capazes também os animais, mas consiste em ser capaz de captar por meio do intelecto possível.

Este último cabe exclusivamente ao homem e a nenhuma outra criatura abaixo ou acima dele. De fato, embora haja outras essências que participam do intelecto, o intelecto delas, entretanto, não é possível como aquele do homem, porque essas essências são espécies puramente intelectuais e seu ser consiste exclusivamente em entender aquilo que são, o que acontece sem descontinuidade, pois que de outra forma não seriam eternas. Parece, portanto, de todo evidente que o último grau do poder específico do homem reside no poder ou na faculdade intelectiva.

Como esse poder não pode ser reduzido total e simultaneamente em ato, por meio do indivíduo em particular ou de alguma das comunidades particulares mencionadas há pouco, é necessário que subsista uma pluralidade de indivíduos no gênero humano, por meio da qual todo o poder é atuado. De igual modo, é necessário que haja uma multidão de seres físicos generativos, de tal maneira que todo o poder da matéria-prima esteja sempre em ato. Caso contrário, seria necessário admitir um poder separado, o que é impossível. Averroes também concorda com esta opinião, em seu comentário ao livro *Da Alma*[83].

Além disso, a faculdade intelectiva de que falo não diz respeito somente às formas universais ou espécies, mas com certa abrangência também às formas particulares. Por isso se costuma dizer que o intelecto especulativo se transforma por extensão em intelecto prático, cujo fim é agir e fazer. Digo agir, por causa das ações a serem postas em ato, coordenadas pela prudência política; digo fazer, por causa das ações a serem produzidas, reguladas pela arte. Todas elas, no entanto, são subordinadas à especulação como ao fim mais elevado, para o qual a Bondade Suprema criou o gênero humano. Torna-se, portanto, clara a máxima política: "Impõem-se naturalmente aos outros aqueles dotados da força do intelecto" [84].

IV

Ficou, portanto, bastante claro que a tarefa própria do gênero humano, considerado em sua totalidade, consiste em atuar sempre todo o poder possível do intelecto, em primeiro lugar em vista da especulação e, em segundo lugar, como por extensão, em vista da atividade prática. Uma vez que tudo o que se refere à parte, se refere também ao todo, ocorre ao homem em particular, quando em tranquilidade total, que se aperfeiçoa em prudência e em sabedoria. É evidente, portanto, que o gênero humano pode dedicar-se à própria tarefa quase divina – segundo a passagem bíblica "Tu o criaste pouco inferior aos anjos" – em plena liberdade e facilidade, quando se encontra em condições de tranquilidade e paz. Disso decorre de forma evidente que a paz universal é o melhor de todos os bens instituídos para nossa felicidade.

Exatamente por isso, do alto ressoou aos pastores uma voz que anunciava não riquezas, prazeres, honrarias, vida longa, saúde, vigor e beleza, mas paz. De fato, as milícias celestes diziam: "Glória a Deus no mais alto dos céus e paz na terra aos homens de boa vontade". E

---

[83] Averroès (1126-1198). Refere-se ao comentário da obra de Aristóteles *De Anima*, cap. III, 5.

[84] Aristóteles, *A Política* (I, 2).

ainda, o Salvador dos homens saudava com estas palavras: "A paz esteja convosco". Convinha, de fato, que o supremo Salvador se expressasse com a suprema saudação. Seus discípulos e Paulo quiseram conservá-la como um costume nas saudações deles, como pode ser verificado por todos.

De tudo o que foi dito constata-se claramente em que situação o gênero humano está em condições de realizar mais facilmente, antes, da melhor maneira, a tarefa que lhe é própria. Em decorrência disso, foi visto qual o meio mais imediato com que deve proceder para atingir o fim último, para o qual tendem todas as nossas ações. E é precisamente a paz universal que deve constituir o fundamento das argumentações seguintes. Era necessário, por outro lado, estabelecer isso, como se fosse um critério predeterminado, a que reconduzir, de acordo com o que foi dito, como a uma verdade extremamente evidente, tudo aquilo que se deve demonstrar.

V

Retomando, portanto, o que foi dito desde o início, três são as questões fundamentais discutidas, que devem ser resolvidas, a respeito da monarquia temporal que, com vocábulo mais usual, é denominada "império". Em relação a isso, como foi dito anteriormente, nos propusemos fixar um princípio e depois proceder a uma análise na ordem já acenada.

A primeira questão pode ser esta: A monarquia temporal é necessária ao bem-estar do mundo? Posto que não há obstáculos decorrentes da força da razão ou da autoridade, pode-se responder a essa pergunta positivamente com argumentações extremamente válidas e evidentes, entre as quais transparece por autoridade aquela enunciada pelo filósofo em sua *Política*[85]. Com sua venerável autoridade, afirma nessa obra que, quando muitas coisas são ordenadas para um mesmo fim, é necessário que uma delas dirija ou governe e que todas as outras sejam dirigidas ou governadas. Não se deve ser levado a acreditar nisso somente pelo glorioso nome do autor dessa obra, mas também pela razão indutiva.

Com efeito, se considerarmos o homem em particular, verificamos precisamente que, embora todas as suas forças sejam predispostas à

---

[85] Aristóteles, A Política, I, 5.

felicidade, é a própria força do intelecto que administra e dirige todas as outras. De outra forma, não poderia jamais atingir aquela felicidade.

Se considerarmos uma família, cujo fim é preparar seus membros para uma vida decente, é necessário que a administre e a guie um só, isto é, o denominado pai de família ou aquele que o substitui, conforme o que diz o filósofo: "Toda casa é administrada pelo mais idoso" [86]. A este compete, como diz Homero[87], dirigir a todos e impor leis aos outros. Por causa disso é de certo modo proverbial aquela maldição: "Que tenhas em tua casa um igual a ti".

Se considerarmos um vilarejo, cujo fim é a convivência tranquila das pessoas e de suas coisas por meio do auxílio mútuo, é necessário que um só seja o chefe dos outros, não importando que seja imposto por outra pessoa ou estabelecido na função com consenso de todos. Caso contrário, não só não se atinge a condição de sustentação mútua, mas por vezes, se vários disputam o comando, todo o vilarejo acaba por cair em ruína.

Se considerarmos também uma cidade, cujo fim é viver bem e com suficiência, é indispensável que tenha um governo único, necessário não somente na constituição política direta, mas também na oblíqua[88]. Desde que ocorra diversamente, não somente se compromete a finalidade da vida social, mas a própria cidade deixa de ser o que era.

Finalmente, considerando um determinado reino que tem o mesmo fim de uma cidade, mas com maiores garantias de tranquilidade, é oportuno que haja um só rei que reine e governe, caso contrário, não somente os cidadãos do reino não atingem o próprio fim, mas o próprio reino não pode escapar à ruína, segundo a palavra da infalível verdade: "Todo reino dividido contra si mesmo está perdido" [89]. Se isso for verificado em todos esses organismos e em cada um dos grupos que se organizam para um fim único, resulta como verdadeiro aquilo que afirmamos há pouco.

---

[86] Aristóteles, A Política, I, 2.

[87] Homero, Odisseia, IX, 114.

[88] Dante classifica como politicamente correta a instituição em que o poder é exercido por um só, como na monarquia, ou por seletos cidadãos (aristocratas) ou pela massa dos cidadãos livres (democracia) em vista do interesse comum. Essas formas de governo se diferenciam daquelas classificadas como instituições políticas degeneradas ou oblíquas e respectivamente da ditadura ou tirania, da oligarquia e da democracia demagógica, cujo poder é exercido sem ter em vista o bem comum.

[89] Evangelho de Mateus 12, 25; Evangelho de Lucas, 11, 17.

Ora, sabemos que todo o gênero humano se ordena em vista de um fim único, como já foi demonstrado; é necessário, portanto, que haja somente um que administre e governe, isto é, em outras palavras, o monarca ou o imperador. Torna-se, pois, evidente que o bem-estar do mundo exige a monarquia ou império

VI

Assim como a parte está para o todo, assim também a ordem parcial está para o total. A parte está para o todo como para o próprio e ótimo fim; logo, também a ordem na parcialidade se reduz à ordem na totalidade como para o próprio e ótimo fim. Disso decorre que a bondade de uma ordem parcial não supera a bondade da ordem total, mas ocorre precisamente o contrário.

Como, portanto, dupla é a ordem que se encontra nas coisas, ou seja, a ordem das partes entre si e a ordem das partes em relação a uma unidade que não é parte, como, por exemplo, a ordem das partes de um exército entre si e a ordem delas em relação ao comandante, mas a ordem das partes em relação à unidade é melhor, enquanto é a finalidade da ordem precedente, que existe em vista daquele, e não inversamente.

Por conseguinte, se a forma dessa ordem se encontra nas partes da multidão humana, com mais razão deve ser constatada na própria multidão, isto é, em sua totalidade, por força do silogismo anterior, uma vez que se trata da ordem melhor, ou seja, do princípio que informa a ordem. Que essa ordem, porém, se encontra em todas as partes da multidão humana, foi suficientemente demonstrado no capítulo precedente e, portanto, deve encontrar-se na própria totalidade. Assim, todas as partes já mencionadas, inferiores aos reinos, e os próprios reinos devem ser ordenados a um único príncipe ou principado, isto é, ao monarca ou à monarquia.

VII

Além disso, a sociedade humana é um todo em relação a certas partes e é uma parte em relação a determinado todo. De fato, é um todo relativamente aos reinos particulares e aos povos, como anteriormente foi demonstrado, e, por sua vez, é uma parte em relação a todo o universo, o que é de todo evidente.

Assim como, portanto, se diz que as coisas inferiores da sociedade humana se conformam "bem" a ela, assim também se diz que esta última se conforma "bem" à própria totalidade. As partes, no entanto, se conformam "bem" a ela em virtude de um só princípio, como pode facilmente ser deduzido pelo quanto exposto anteriormente. A sociedade humana, portanto, ela própria se conforma ao próprio universo, isto é, a seu príncipe, que é Deus e monarca, a partir do momento em que obedece exclusivamente a um só princípio, isto é, a um só príncipe. Disso decorre que a monarquia é necessária ao bem-estar do mundo.

VIII

É ótimo tudo aquilo que está disposto para atuar os desígnios do primeiro agente, que é Deus. Esta afirmação é evidente em si mesma, exceto para aqueles que negam que a bondade divina atinja a plenitude da perfeição.

Ora, é conforme a intenção de Deus que cada ser, enquanto tem sua causa em Deus, se assemelha a ele, mesmo que dentro dos limites da própria natureza. Por isso foi dito: "Façamos o homem à nossa imagem e semelhança" [90]. A expressão "à imagem" não pode ser atribuída às criaturas inferiores ao homem, mas a expressão "à semelhança" pode ser aplicada a qualquer ser, uma vez que todo o universo não é senão um certo vestígio da bondade divina.

Desse modo, o gênero humano está disposto de maneira excelente quando se assemelha a Deus dentro dos limites das próprias possibilidades. O gênero humano, porém, se assemelha de forma máxima a Deus quando atinge a mais perfeita unidade, porquanto a verdadeira razão dessa reside precisamente só em Deus. Por isso está escrito: "Escuta, Israel, o Senhor, teu Deus, é um só" [91].

O gênero humano é realmente uno, portanto, quando todo ele se reduz à unidade, mas isso não pode ocorrer senão quando estiver totalmente submetido a um só príncipe, o que é de todo evidente por si só. Concluindo, o gênero humano, quando se submete a um único príncipe, se assemelha a Deus no mais alto grau e, por conseguinte, realiza da

---

[90] Gênesis, 1, 26.
[91] Deuteronômio, 6, 4.

forma mais perfeita o desígnio de Deus, o que equivale a encontrar-se na melhor condição, como foi demonstrado no início deste capítulo.

IX

De modo semelhante, apresenta ótima disposição todo filho que imita as pegadas do pai perfeito, dentro dos limites que a própria natureza permite. O gênero humano é filho do céu, que é perfeitíssimo em tudo. Com efeito, como está expresso no livro segundo da *Física*[92].de Aristóteles, o homem é gerado pelo homem e pelo sol.

O gênero humano está disposto de modo excelente, portanto, quando reflete a imagem do céu, dentro dos limites que a própria natureza lhe permite. Ora, todo o céu é regido, em todas as suas partes, motoras e movidas, por um movimento único, ou seja, do primeiro móvel, e por um único motor, que é Deus, e isso a razão humana o aprende com grande clareza da filosofia. Se, portanto, nosso silogismo é exato, o gênero humano desfruta da melhor condição quando é governado por um só príncipe, isto é, por um só motor, e por uma só lei, ou seja, por um só movimento, em todas as partes motoras e movidas.

Por isso a monarquia, ou seja, o principado único definido como império, aparece como necessária ao bem-estar do mundo. Por essa razão Boécio[93] suspirava e dizia:

"Ó geração feliz dos homens,
se vossos ânimos o amor,
que rege os céus, vos reger."

X

Além disso, onde puder surgir um litígio, aí deverá existir um tribunal. Caso contrário, subsistiria uma situação imperfeita, não suscetível de perfectibilidade, o que é impossível, uma vez que Deus e a natureza nunca falham nas coisas necessárias.

---

[92] Aristóteles, Física, II, 2. O texto original de Dante traz De Naturali Auditu, nome raro com que era designada também esta obra de Aristóteles.

[93] Boécio, Philosophiae Consolatio, II, 8.

Entre dois príncipes, dos quais um não está de modo algum sujeito ao outro, pode surgir, como é óbvio, uma ocasião de litígio por culpa deles ou dos súditos; entre os dois litigantes é necessário que haja um julgamento. Visto que um não pode julgar o outro, porquanto nenhum dos dois está sujeito ao outro – de fato, entre dois de igual poder não há quem prevaleça –, é oportuno que exista um terceiro, detentor de jurisdição mais ampla, que tenha domínio sobre os dois no âmbito das próprias prerrogativas jurídicas. Este deverá ser o monarca ou não.

Se for, fica demonstrada nossa tese. Se não for, tem-se novamente dois de igual poder que se encontram um frente ao outro, mas fora do âmbito de sua própria jurisdição; daí a necessidade, uma vez mais, de um terceiro. Assim, ou se produzirá um processo ao infinito, o que não pode ocorrer, ou se tornará necessário recorrer a um juiz primeiro e supremo, cuja sentença haverá de dirimir todos os conflitos, de modo mediato ou imediatamente. Este deverá ser o monarca ou o imperador. A monarquia, portanto, é necessária ao mundo.

Esta era a consideração que levava o filósofo a dizer: "Os seres não desejam ser mal dispostos. Se a pluralidade dos principados é um mal, convém, portanto, que o príncipe seja um só" [94].

XI

Além disso, o mundo está perfeitamente disposto quando nele a justiça é exercida em toda a sua plenitude. Por isso Virgílio, desejando celebrar aquela época que parecia renascer nos tempos dele, cantava nas *Bucólicas*: "Já a Virgem regressa e voltam os reinos de Saturno" [95].

"Virgem", de fato, era chamada a justiça, que era também denominada Astreia[96]. "Reinos de Saturno" eram definidos aqueles tempos extraordinários, chamados também "tempos áureos". A justiça em seu mais alto grau só existe sob o monarca. Para a melhor ordenação do mundo é necessária, portanto, a monarquia ou o império.

---

[94] Aristóteles, Metafísica, XII, 10.
[95] Publius Vergilius Maro (71-19 a.C.), Bucólicas, 44, 6.
[96] Astreia, deusa da justiça, depois da idade do ouro ou de Saturno, abandonou a humanidade degenerada e se transformou precisamente na constelação chamada Virgem (Ovídio, Metamorfoses, 1, 149).

Para a evidência das premissas mencionadas, é necessário saber que a justiça, considerada em si mesma e em sua própria natureza, consiste um comportamento reto ou regra que evita tudo aquilo que desvia de um lado e de outro e que, da mesma forma que a brancura, considerada de modo abstrato, não acata nem o mais nem o menos. De fato, há certas qualidades universais desse tipo que entram numa composição, mas que em sua essência são simples e invariáveis, como diz corretamente o mestre dos *Seis Princípios*[97].

Essas qualidades, no entanto, quando se unem aos indivíduos, se expressam num grau maior ou menor, na medida em que nos próprios indivíduos se mesclem em grau maior ou menor as qualidades contrárias e elas. Por isso, quando a disposição contrária à justiça é mínima, a justiça, enquanto qualidade permanente e possibilidade de realização, atinge a eficiência em grau máximo. Na verdade, em tal caso pode-se dizer dela o que proclama o filósofo: "Nem Héspero nem Lúcifer são tão admiráveis" [98]. Então é, de fato, semelhante à lua que, diametralmente oposta, contempla o irmão surgir na purpúrea serenidade da manhã.

Em relação à virtude, a justiça é por vezes obstaculizada no querer. De fato, quando a vontade não está isenta de cobiça, a justiça, ainda que presente, não se manifesta com todo o brilho de sua pureza porque encontra de algum modo resistência, por mínima que seja, no indivíduo que deve atuá-la. Com toda razão, portanto, é afastado todo aquele que tenta suscitar paixões no ânimo do juiz.

Em relação à sua concreta realização, a justiça é obstaculizada no poder. Com efeito, a partir do momento em que a justiça é virtude que se manifesta em referência a outro, de que maneira poderá realizá-la aquele que não tem o poder de atribuir a cada um aquilo que lhe é devido? Disso decorre que quanto mais um justo se tornar poderoso, tanto mais ampla será a justiça em tudo o que executar.

Daquilo que foi dito devem ser extraídas as seguintes argumentações: a justiça se realiza na medida mais elevada no mundo quando reside num sujeito que quer e que pode em grau supremo. Só o monarca pode apresentar essas características e, portanto, a

---

[97] Sex Principiorum Liber, atribuído a Gilberto Porretano (séc. XI-XII), um dos grandes metafísicos da Idade Média.

[98] Passagem de uma tragédia perdida de Eurípides, mencionada por Aristóteles em Ética a Nicômaco, 5, 3.

justiça se realiza de modo completo quando se encarna somente no monarca. Cabe aqui este prossilogismo da segunda figura com negação intrínseca, semelhante a este: todo B é A; só C é A; portanto, só C é B. Quer dizer: todo B é A; nenhum, exceto C, é A; portanto, nenhum, exceto C, é B.

Ora, a primeira proposição se revela evidente por aquilo que foi dito anteriormente. A segunda é demonstrada desse modo, fazendo referência em primeiro lugar ao querer e depois ao poder. Para esclarecimento do primeiro ponto, deve-se observar que à justiça se opõe sobretudo a cobiça, como afirma Aristóteles no quinto livro da *Ética a Nicômaco*[99]. Se, no entanto, toda a avidez for eliminada, não haverá mais obstáculo algum para a justiça. Por isso o filósofo assinala que os assuntos que podem ser definidos por lei não devem jamais ser deixados à discrição do juiz[100]. E assim se deve necessariamente proceder, por receio da cobiça que facilmente perturba as mentes dos homens. Quando, portanto, não existe objeto algum a ser desejado, é impossível que subsista a cobiça. De fato, as paixões não podem subsistir desde que seja eliminado o objeto que as suscita.

O monarca, porém, não tem do que desejar, porquanto sua jurisdição termina somente nos limites do oceano[101]. Isso não acontece com os outros príncipes, cujos domínios se limitam com aqueles de outro como acontece, por exemplo, ao rei de Castela em relação aos limites do rei de Aragão. Disso decorre que só o monarca, entre os mortais, pode ser o mais preciso sujeito da justiça.

Além disso, enquanto a cobiça, mesmo que pouco relevante, ofusca de certa forma a justiça em seu modo de ser, a caridade ou o reto amor a aguça e a ilumina. A justiça não pode ter morada melhor do que naquele que possui o amor no mais elevado grau. Desse modo subsiste no monarca. Existindo, portanto, o monarca, a justiça se realiza ou pode realizar-se da maneira mais perfeita.

Que o verdadeiro amor produza aquilo que foi dito, pode provar-se dessa forma: a cobiça, enquanto despreza a natureza especí-

---

[99] Aristóteles, Ética a Nicômaco, V, 2.

[100] Aristóteles, Retórica, I, 1.

[101] A ideia de que o monarca, tudo possuindo, nada mais tem a almejar, encontra-se em Ética a Nicômaco, VIII, 2, de Aristóteles, mas a imagem do império, cujos limites são determinados pelo oceano encontra-se na Eneida, I, 286-7, de Publius Vergilius Maro.

fica do homem, aspira a outra coisa; a caridade, ao contrário, porquanto desdenha todos os outros bens, procura a Deus e o homem e, por conseguinte, o bem do homem. Posto que entre todos os bens do homem, o mais importante é viver em paz, como foi dito anteriormente, e para isso concorre no mais alto grau e da melhor maneira a justiça, a caridade emprestará imenso vigor à justiça e tanto mais quanto maior ela for.

Que o monarca deva ter em si e no mais alto grau o verdadeiro amor prelos homens, transparece da seguinte forma: todo bem suscetível de amor tanto mais é amado quanto mais próximo estiver do amante. Ora, os homens estão mais próximos do monarca do que dos outros príncipes; é por ele, portanto, que são mais amados ou devem sê-lo.

A primeira premissa é evidente, se for considerada a natureza do paciente e aquela do agente; a segunda se explica pelo fato de que os homens estão próximos dos vários príncipes só em parte, ao passo que ao monarca o estão na totalidade. E ainda, os homens estão próximos dos príncipes graças ao monarca, e não vice-versa. Precisamente por isso o monarca atende prioritária e imediatamente a todos, enquanto os outros príncipes o fazem por intermédio dele, exatamente porque a preocupação deles deriva daquela suprema do monarca.

Além disso, quanto mais uma causa é universal, tanto mais ela tem força causal, porque a inferior é causa somente em virtude da superior, como aparece claramente do livro *Das Causas*[102]. Quanto mais uma causa é causa, tanto mais ela ama seu efeito, a partir do momento em que esse amor segue a causa por si mesma. Uma vez que, portanto, o monarca é a causa mais universal entre os mortais do viver bem dos homens, enquanto os outros príncipes o são graças a ele, como já foi dito, conclui-se que é ele quem ama em grau supremo o bem dos homens.

Por outro lado, pode duvidar que o monarca esteja em condições de realizar da maneira melhor possível a justiça somente quem não capta o significado deste vocábulo. Com efeito, se é monarca, não pode ter inimigos.

Foi, portanto, esclarecida de modo suficiente a proposição principal que tem uma conclusão segura, ou seja, que, para a melhor disposição possível do mundo, é necessária a monarquia.

---

[102] De Causis Liber, opúsculo que, na realidade, era um resumo da obra Elementatio Theologica do filósofo Proclo (século V d.C.).

XII

Além do mais, o gênero humano, quando atinge a máxima liberdade, passa a desfrutar de sua melhor condição. E isso se torna manifesto, sempre que o princípio da liberdade é posto em evidência.

Em relação a isso, é necessário saber que o princípio primordial de nossa liberdade é o livre-arbítrio que tantos trazem na boca e tão poucos no intelecto. De fato, chegam a dizer até isto: o livre-arbítrio é um juízo livre em relação à vontade. E dizem a verdade, mas não conseguem captar o significado dessas palavras, como acontece todos os dias com nossos lógicos a respeito de certas proposições que introduzem como exemplo nos argumentos de sua disciplina. Por exemplo, esta: "O triângulo tem três ângulos, cuja soma equivale a dois retos."

Entretanto, afirmo que o juízo se situa entre a percepção intelectiva e o apetite. De fato, apreende-se primeiro alguma coisa e então julga-se se é boa ou má e, por último, aquele que a julga manifesta propensão por ela ou foge dela.

Se, portanto, é o juízo que confere exclusivamente impulso ao apetite e, de nenhum modo é precedido por este, então o juízo é livre. Se, ao contrário, o juízo é suscitado, de qualquer modo que seja, pelo apetite, não pode ser livre, porque não depende de si mesmo, mas é prisioneiro de outro.

Disso decorre a razão pela qual os animais irracionais não podem ter um juízo livre, uma vez que seus juízos são sempre precedidos do apetite. Não somente isso, mas disso resulta claramente que as substâncias intelectuais, cujas vontades são imutáveis e cujas almas separadas que felizmente se afastam desta terra, graças à imutabilidade da vontade, não perdem a liberdade de arbítrio, mas a conservam da maneira mais perfeita e transparente.

Depois dessas colocações, fica uma vez mais evidenciado que essa liberdade, ou seja, o princípio de toda essa nossa liberdade, é o dom máximo concedido por Deus à natureza humana – como já disse no *Paraíso* da *Comédia*[103] – porquanto por esse mesmo dom nos tornamos felizes nesta terra como homens e, no além, como deuses.

Por isso, se assim são colocadas as coisas, quem poderá negar que o gênero humano se encontra na melhor das condições, quando

---

[103] Dante Alighieri, A Divina Comédia, Paraíso, V, 19-24.

puder utilizar ao máximo esse princípio fundamental? Por outro lado, se viver sob o domínio do monarca, é livre da maneira mais perfeita.

Por outro lado, deve-se saber que é livre aquele ser que "depende de si mesmo e não de outros", como afirma o filósofo no livro *Metafísica*[104]. Com efeito, o ser que depende de outro tira deste sua necessidade, como a estrada depende da meta a atingir.

Se impera somente o monarca, o gênero humano depende de si mesmo e não de outros; só então realmente são corrigidos aqueles regimes políticos – como são as democracias[105], as oligarquias e as tiranias – que reduzem o gênero humano à escravidão, como fica evidente para quem os examina a todos eles. Somente então podem governar de modo correto os reis, os aristocratas, que são chamados também os melhores, e aqueles que sustentam a liberdade do povo.

Como o monarca é quem ama os homens em mais elevado grau, como já foi assinalado, ele quer que todos os homens se tornem bons. Ora, isso não pode ocorrer enquanto subsistirem regimes irregulares. Por essa razão o filósofo diz em sua *Política*[106] que nas instituições irregulares o homem bom é um mau cidadão, ao passo que nos regimes regulares o homem bom se identifica com o bom cidadão. Os regimes deste último tipo visam a liberdade, isto é, que os homens sejam tais por si mesmos. Com efeito, os cidadãos não são tais para os cônsules, nem o povo para o rei, mas, ao contrário, os cônsules existem para os cidadãos e o rei para o povo.

Além do mais, o regime político não é instituído em função das leis, ao contrário, as leis são instituídas para o regime. Desse modo, não são aqueles que vivem segundo a lei que são ordenados para o legislador, mas é precisamente o contrário, como observa o filósofo[107] nos escritos que nos legou sobre o assunto.

Disso decorre claramente que, embora o cônsul e também o rei dominem sobre os outros em relação ao percurso, em relação, no

---

[104] Metafísica, I, 2. No texto original consta De simpliciter ente, designativo usual, durante a Idade Média, desta obra de Aristóteles.

[105] Dante inclui a democracia entre os regimes políticos a evitar; parece, no entanto, que com esse termo queira referir-se à demagogia.

[106] Aristóteles, A Política, III, 4.

[107] Aristóteles, A Política, IV, 1.

entanto, à meta são ministros dos outros. Isso se refere de modo absoluto ao monarca que sem dúvida deve ser considerado ministro de todos. Disso pode-se inferir também que o monarca tem sua razão de ser pelo fim que se prefixou ao estabelecer as leis. O gênero humano, portanto, vive em suas melhores condições quando está sob o domínio do monarca e, por conseguinte, a monarquia é necessária para o bem-estar do mundo.

XIII

E ainda, aquele que possui as melhores disposições para governar pode infundir as mesmas melhores disposições nos outros. Com efeito, em toda ação o agente visa transmitir a semelhança de si mesmo, seja agindo por necessidade de sua natureza, seja voluntariamente. Por isso acontece que todo agente, precisamente pelo fato de agir, se sente feliz.

De fato, a partir do momento em que tudo o que existe deseja seu próprio ser e na ação do agente o ser de certa forma se amplia, disso resulta necessariamente o prazer, porque o prazer está sempre ligado à coisa desejada. Nada, portanto, age se não existe de modo tal, qual deva tornar-se o paciente. Por isso o filósofo diz em sua *Metafísica*: "Tudo o que de potência é reduzido em ato, assim o é por causa de alguma coisa já existente em ato" [108]. Por outro lado, se procurasse agir de outra forma, agiria em vão.

Com isso pode ser confutado o erro daqueles que, falando bem e agindo mal, acreditam modificar a vida e os costumes dos outros, sem entender que tiveram maior força de persuasão as mãos do que as palavras de Jacó, embora as primeiras induzissem à convicção do falso e as segundas do verdadeiro[109]. Por isso, em *Ética a Nicômaco*[110], o filósofo diz: "Em relação aos sentimentos e às ações, as palavras têm menos crédito que as obras." Por esse motivo também, no entanto, uma voz clamava do céu ao pecador Davi: "Por que celebras minha

---

[108] Aristóteles, Metafísica, IX, 8.

[109] Episódio bíblico em que Jacó, auxiliado pela mãe, engana Isaac, já cego, vestindo as roupas de Esaú. Foi precisamente o tato que enganou o velho Isaac, enquanto a voz de Jacó o deixava em dúvida. Ver Gênesis, cap. 27.

[110] Aristóteles, Ética a Nicômaco, X, 1.

justiça?" [111], como se dissesse: "Falas em vão, uma vez que és diferente daquilo que dizes".

De tudo isso pode-se deduzir que é necessário que tenha ótima disposição quem quiser infundir nos outros essa mesma qualidade. Ora, o monarca é u único que pode ter a melhor disposição para governar. Isso se explica dessa maneira: todo ser está tanto mais fácil e perfeitamente ordenado nas atitudes e nas capacidades de realização, quanto menos numerosos forem os elementos contrários a tal disposição. Desse modo, adquirem mais fácil e perfeitamente disposição à verdade filosófica aqueles que nunca ouviram falar dela, do que aqueles que se dedicaram a ela por longo tempo e só aprenderam opiniões falsas. A propósito, com razão Galeno dizia que "estes últimos precisam de um tempo duas vezes mais longo para adquirir a ciência" [112].

De outra parte, enquanto o monarca não pode ter, entre os mortais, nenhuma ocasião de cobiça, mesmo que mínima, como já foi assinalado anteriormente, o que não se verifica com os demais príncipes e, de resto, somente a cobiça corrompe o juízo e coloca em embaraço a justiça. Em decorrência disso, é precisamente ele que pode ter as melhores, senão exclusivas, aptidões para governar, porque, em relação aos outros, pode assumir em si as mais perfeitas capacidades de julgar e fazer justiça. Essas duas qualidades convêm de modo muito especial ao legislador e àquele que aplica a lei, como testemunha aquele santo rei que pedia a Deus dons convenientes a um rei e a um filho de rei: "Deus, concede teu juízo ao rei e tua justiça ao filho do rei" [113].

Com razão, portanto, foi dito na premissa menor que o monarca é o único que pode estar disposto da melhor maneira para governar. Só o monarca, portanto, pode infundir nos outros a melhor disposição. Disso decorre que a monarquia é indispensável para a melhor ordenação do mundo.

XIV

Além disso, o que pode ser realizado por um só é preferível que seja realizado por ele do que por muitos. Isso se explica

---

[111] Salmo 49, 16.
[112] Galeno, De cognoscendis morbis curandisque animi morbis, 10.
[113] Salmo 71, 2.

da seguinte maneira: seja um só, por meio do qual alguma coisa pode ser feita, isto é, A, seja por mais de um, por obra dos quais, de igual modo, possa ser realizada a mesma coisa, isto é, A e B. Se, portanto, o que pode ser realizado por A e B é suscetível de ser realizado por A, é inútil recorrer a B; de fato, recorrendo a B, nada se obtém, uma vez que somente com o A se consegue antes igual resultado.

Toda suplementação desse tipo, portanto, é de todo inútil e supérflua, e aquilo que é supérfluo desagrada a Deus e à natureza, mas tudo o que desagrada a Deus e à natureza é mau, como é evidente por si. Disso derivam duas consequências. Primeiro, é melhor que uma só coisa se realize, sempre que possível, por um só do que por muitos; em segundo lugar, se a realização por obra de um só é um bem, por mais de um é simplesmente um mal.

Além disso, uma coisa é definida como melhor pelo fato de estar mais próxima ao ótimo e a finalidade tem natureza de ótimo. Ora, a coisa realizada por um só está mais próxima da finalidade e, portanto, é melhor. Que essa esteja realmente mais próxima do fim, fica evidente desse modo: seja C o fim; A, a coisa realizada por um só; A e B, a realizada por vários. É evidente que é mais longo o percurso de A até C por B do que aquele de A sozinho até C.

O gênero humano pode, pois, ser governado por um só príncipe supremo, que é o monarca. A propósito desta afirmação, deve-se considerar que, quando se diz "o gênero humano pode ser governado por um só príncipe supremo", isso não deve ser entendido no sentido de que as mínimas decisões de qualquer município devam emanar diretamente só dele, mesmo que as lei municipais sejam por vezes defeituosas e necessitem de critérios interpretativos gerais, como claramente se pode ler no quinto livro da *Ética a Nicômaco*, na passagem em que o filósofo recomenda a equidade[114].

Por outro lado, as nações, os reinos e as cidades têm em si características peculiares que é oportuno que sejam governadas por leis diferenciadas, porquanto a lei é uma regra diretiva da vida. É oportuno, portanto, que sejam regidos por normas particulares os citas que, vivendo fora do sétimo clima e suportando uma grande

---

[114] Aristóteles, Ética a Nicômaco, V, 14.

diferença entre os dias e as noites, são oprimidos por uma rigidez do clima quase intolerável. Regidos por normas diversas devem ser, ao contrário, os garamantes que, habitando abaixo do equinócio e tendo sempre a luz do dia igual em duração às trevas da noite, evitam cobrir-se com vestuário por causa do excessivo calor da atmosfera.

O verdadeiro sentido da frase inicial, porém, é este: o gênero humano deve ser governado pelo monarca no tocante às regras válidas para todos e deve ser governado por uma norma válida universalmente na busca da paz. Essa norma geral ou lei é que os príncipes particulares devem receber do monarca, da mesma forma pela qual o intelecto prático, para chegar à conclusão que se realiza na ação, recebe a premissa maior do intelecto especulativo e subordina a essa a proposição particular que é propriamente sua. Desse modo chega à específica ação conclusiva. Ora, isso não apenas é possível a um só, mas é necessário que proceda de um só, de tal modo que seja eliminada qualquer confusão na aplicação das normas universais. O próprio Moisés escreve na lei que este foi o critério seguido por ele. De fato, depois de escolher alguns notáveis dentre as tribos dos filhos de Israel, deixava a eles as decisões menores, enquanto reservava para si aquelas maiores e mais gerais[115]. Os notáveis passaram, pois, a aplicar essas decisões a cada uma das tribos, de acordo com suas necessidades específicas.

É melhor, portanto, que o gênero humano seja governado por um só que por vários, isto é, governado por um monarca, que é príncipe único. Se, pois, é melhor, é também mais aceito por Deus, uma vez que Deus sempre quer o melhor. Como, entre duas coisas comparadas exclusivamente entre elas, a melhor é também ótima, disso resulta que, entre um e vários, o primeiro não é somente mais agradável a Deus, mas o mais agradável a ele. Disso se segue que o gênero humano está nas melhores condições quando é governado por um só. A monarquia, portanto, é necessária ao bem-estar do mundo.

XV

De igual modo, afirmo que 'ser', 'uno' e 'bom' se apresentam em ordem gradual com relação ao quinto modo de entender a "prioridade". De fato, por natureza o ser precede o uno, mas por sua vez o uno

---

[115] Êxodo, 18, 10 e seguintes.

precede o bom. Ora, o ser perfeito é também o uno perfeito, mas este último é também o bom perfeito e, quanto mais uma coisa se afasta do ser perfeito, tanto mais se distancia do ser uno e, por conseguinte, do ser bom. Por isso, em todos os gêneros de coisas é ótimo aquilo que é perfeitamente uno, como afirma o filósofo no livro *Metafísica*[116].

Disso decorre que o ser uno seja considerado a raiz do ser bom e o ser muitos, a raiz do ser mau. Por isso Pitágoras, em suas correlações, do lado do bom colocava o uno, mas do lado do mau colocava o mais de um, como aparece claramente no primeiro livro da *Metafísica*[117]. De tudo isso, pode-se observar que pecar consiste exclusivamente em passar do uno, que é desprezado, para o mais de um. Nisto pensava o salmista, ao dizer: "Multiplicaram-se pelo fruto do trigo, do vinho e do azeite" [118].

Constata-se, pois, que tudo aquilo que é bom, é bom por este motivo: porque consiste na unidade. Como a concórdia, enquanto tal, é um bem, é evidente que tem seu fundamento em determinada unidade como na própria raiz. Essa raiz, no entanto, deverá aparecer com nitidez quando for considerada a natureza específica da concórdia, porquanto a concórdia é o movimento uniforme de várias vontades. Dessa característica peculiar resulta evidente que a unidade das vontades, que se reconhece por seu movimento uniforme, se identifica com a raiz da concórdia ou, até mesmo, com a própria concórdia.

Por exemplo, poderíamos classificar como concordes várias glebas de terras porque convergem todas juntas para baixo, para o centro do terreno e, de igual modo, definiríamos concordes várias chamas que sobem simultaneamente em círculos, se umas e outras o fizessem voluntariamente. Do mesmo modo, dizemos concordes vários homens quando se movem em uníssono, no tocante à vontade, para aquele uno que é o princípio de suas vontades, assim como uma só característica, a gravidade, é o princípio formal presente nas glebas e uma só, a leveza, é o princípio presente nas chamas. Com efeito, a virtude volitiva é uma potência, mas a espécie do bem apreendido é seu princípio formal, mesmo que esse princípio, como os outros, uno em si próprio, se multiplique de acordo com a multiplicidade da matéria

---

[116] Aristóteles, Metafísica, X, 2.
[117] Aristóteles, Metafísica, I, 5.
[118] Salmo 4, 8.

que o recebe, assim como, por exemplo, a alma, o número e os outros princípios formais que se encontram nos compostos.

Posto isso, a fim de esclarecer para nosso fim a proposição que devemos analisar, é necessário argumentar desta forma: toda concórdia depende da unidade que subsiste nas vontades; o gênero humano, quando está em suas melhores condições, representa um certo tipo de concórdia. Com efeito, assim como cada homem em particular que se encontre na melhor disposição, tanto da alma quanto do corpo, constitui uma espécie de concórdia – e de igual modo uma casa, uma cidade, um reino – assim também se verifica em todo o gênero humano. A ótima disposição subsistente no gênero humano, portanto, depende da unidade existente nas vontades.

Por outro lado, isso não pode ocorrer se não houver uma vontade única que domine e dirija todas as outras, fazendo-as convergir na unidade, porquanto as vontades dos mortais, seduzidas pelos prazeres típicos da juventude, necessitam de um dirigente superior, como ensina, na parte final, o filósofo do livro *Ética a Nicômaco*[119]. Essa vontade, porém, não pode ser única, se não houver um príncipe único para todos, cuja vontade possa dominar e dirigir todas as outras. Se todas as conclusões mencionadas até aqui são verdadeiras, como realmente o são, é necessário que haja o monarca para assegurar as condições ideias ao gênero humano. Por conseguinte, a monarquia é indispensável para o bem-estar do mundo.

XVI

Todos esses argumentos expostos até o momento são confirmados por uma experiência memorável, ou seja, aquela condição particular dos mortais que o Filho de Deus, estando prestes a fazer-se homem para a salvação do homem, esperou, ou melhor, quando ele próprio quis, predispôs.

De fato, se percorrermos com o pensamento a situação do gênero humano nas várias épocas, começando pela queda dos primeiros pais, ponto de partida de todos os nossos desvios, verificaremos que somente sob o reino do divino Augusto, graças à existência de uma monarquia perfeita, o mundo teve paz em toda

---

[119] Aristóteles, *Ética a Nicômaco*, X, 10.

a sua extensão. Que nesse período o gênero humano tenha sido feliz na tranquilidade da paz universal é atestado por todos os historiadores, os poetas ilustres e dignou-se testemunhá-lo também o escritor que fala da mansidão de Cristo[120]. Finalmente, Paulo chamou essa felicíssima situação de "plenitude dos tempos" [121]. Na verdade, o tempo e os acontecimentos temporais atingiram a plenitude, porque nenhum ministério útil à nossa felicidade ficou sem ministro. Por outro lado, podemos ler e mesmo testemunhar, a menos que não queiramos, como se comportou o mundo, a partir do dia em que a túnica inconsútil se viu pela primeira vez despedaçada pelas garras da cobiça[122].

Ó gênero humano, quantas procelas, catástrofes e naufrágios são necessários que te transtornem, enquanto, tornando-te monstro de muitas cabeças, te empenhas em caminhar em direções opostas! Estás enfermo num e noutro de teus intelectos e também em teus afetos. Não cuidas de teu intelecto superior com razões irrefragáveis, nem o inferior com quanto te indica a experiência, mas não cuidas sequer dos afetos com a doçura da divina persuasão, quando com a trombeta do Espírito Santo proclama: "Como é bom e como é belo estarem os irmãos unidos como num só" [123].

---

[120] Evangelho de Lucas, 2, 1.
[121] Epístola aos Gálatas, 4, 4.
[122] Alusão à túnica de Cristo, peça de vestuário sem costura, constituída de um pedaço único de tecido e que foi sorteada entre os soldados que haviam crucificado Jesus, como afirma o Evangelho de João, 19, 23.
[123] Salmo 132, 1.

LIVRO SEGUNDO

Como o povo obteve ligitimidade e o encargo da manarquia e do império

I

"Por que estremeceram as nações e os povos tramaram coisas vãs? Os reis da terra se reuniram e os príncipes se congregaram contra o Senhor e contra seu Cristo. Arrebentemos suas correntes e joguemos para longe de nós o jugo deles" [124].

Assim como nos maravilhamos costumeiramente com um fato extraordinário, porquanto não conseguimos captar sua causa, assim também, quando individuada, desprezamos com derrisão de certo modo aqueles que persistem na admiração. Houve uma época, portanto, em que eu me admirava que o povo romano tivesse dominado o mundo inteiro, sem qualquer resistência da parte de quem quer que seja. Por outro lado, porém, posto que observava superficialmente o fato, pensava que ele tivesse conseguido o domínio não pelo direito, mas somente com a força das armas. Entretanto, depois de ter perscrutado profundamente com os olhos da mente, reconheci por sinais evidentes que tudo havia sido predisposto pela divina Providência.

Desse modo, enquanto a admiração cedia, sobreveio certo tipo de desprezo irônico, enquanto me dava conta que as nações se rebelavam contra o primado do povo romano, como observo agora que

---

[124] *Salmo* 2, 1-3.

os povos nutrem propósitos ilusórios, precisamente como eu mesmo costumava fazer. Além do mais, sinto com pesar que reis e príncipes concordem somente nisso, ou seja, em combater seu Senhor e seu Ungido, o príncipe romano. Por esse motivo, com ironia e não sem certa dor, posso também eu exclamar, em defesa do povo glorioso e de César, junto com aquele que clamava em favor do Príncipe do céu: "Por que estremeceram as nações e os povos tramaram coisas vãs? Os reis da terra se reuniram e os príncipes se congregaram contra o Senhor e contra seu Cristo."

Entretanto, uma vez que o amor natural não suporta que a ironia dure por longo tempo, mas evita ironizar, preferindo difundir a luz da correção, assim como o sol do verão dispersa, ao surgir, as névoas matutinas, irradiando com todo o fulgor sua luz; no intuito de despedaçar as correntes da ignorância de semelhantes reis e príncipes e, com a finalidade de mostrar o gênero humano livre do jugo deles, eu mesmo tomo coragem e exorto, fazendo minhas as palavras seguintes do santo profeta: "Arrebentemos suas correntes e joguemos para longe de nós o jugo deles".

Na realidade, esses dois fins serão suficientemente atingidos, se me empenhar na segunda parte do presente propósito e esclarecer a verdade da questão que se apresenta. Com efeito, a demonstração de que o império romano teve existência de direito não somente haverá de dissipar a névoa dos olhos dos reis e príncipes que usurpam os cargos públicos e que atribuem de má-fé o mesmo comportamento ao povo romano, mas também todos os mortais haverão de reconhecer que se libertaram do jugo daqueles que se arrogam semelhante usurpação.

Por outro lado, a verdade da questão pode tornar-se evidente não somente pela luz da razão humana, mas também por meio do raio de luz da autoridade divina. Quando essas duas forças concorrem para um mesmo e único fim, necessariamente céu e terra estão concordes entre si. Confiando, portanto, na coragem de que falei anteriormente e confiando no testemunho da razão e da autoridade, empenho-me agora em dar uma solução positiva à segunda questão.

II

Após ter procurado de modo suficiente para colocar à luz a verdade contida na primeira questão, dentro dos limites permitidos pelo tema, é necessário indagar sobre a verdade contida na segunda questão, ou seja, se o povo romano atribui a si de direito a dignidade do império. Ora, é fundamental nesta investigação examinar qual seja a verdade à qual se liguem, como a seu princípio próprio, todas as provas da própria investigação.

Deve-se, portanto, saber que, assim como a arte se apresenta em tríplice grau, isto é, na mente do artista, no instrumento e na matéria a que é conferida forma artística, assim também a natureza pode ser considerada a partir de uma tríplice ordem. De fato, a natureza existe na mente do primeiro motor, que é Deus; depois no céu, como no instrumento mediante o qual uma imagem da bondade eterna se imprime na matéria mutante.

Por vezes, contudo, pode-se verificar que, apesar da existência de um artista perfeito, tendo à disposição um ótimo instrumento, a obra de arte se apresenta defeituosa; pois bem, o defeito deve ser imputado unicamente à matéria. De igual modo, uma vez que Deus atinge o cume da perfeição e seu instrumento, o céu, não pode tolerar qualquer defeito na perfeição que lhe é própria, como aprendemos nos livros que tratam do assunto, deve-se concluir que toda imperfeição presente nas coisas inferiores provém da matéria de que se constituem, excluindo-se a intenção de Deus criador e do céu. Ao contrário, toda boa qualidade evidente nas coisas inferiores não depende da própria matéria, que existe somente como potência, mas deriva em primeiro lugar de Deus e, em segundo lugar, do céu, instrumentos da arte divina que, com vocábulo usual, chamamos de natureza.

De tudo o que foi dito, já está claro que o direito, por ser um bem, existe primeiro na mente de Deus. Ora, como tudo o que existe na mente de Deus é Deus, conforme as palavras "O que foi feito nele era vida" [125], e Deus quer sobretudo a si mesmo, disso decorre que o direito é querido por Deus, precisamente porque está nele. Uma vez que, porém, vontade e coisa querida em Deus se identificam, segue-se que a vontade divina coincide com o próprio direito. Disso deriva ainda que o direito não é, nas coisas, senão a semelhança da vontade divina. Por isso, tudo o que não está em harmonia com a vontade divina não pode identificar-se com o direito e tudo o que está em harmonia com a vontade divina é o próprio direito. Por essa razão, indagar se alguma coisa se realizou de acordo com o direito, mesmo que isso

---

[125] *Evangelho de João* I, 3-4.

possa ser expresso por outras palavras, significa simplesmente procurar saber se foi realizada de acordo com a vontade de Deus.

Cumpre, portanto, colocar em evidência este princípio: tudo o que Deus quer que seja realizado na sociedade humana deve ser considerado direito verdadeiro e real. Além disso, convém relembrar que, como o filósofo ensina nas primeiras páginas da *Ética a Nicômaco*[126], não devemos procurar a certeza com o mesmo método em todas as matérias, mas somente em relação à natureza do tema.

Por isso os argumentos seguintes procederão com suficiente rigor, baseados no princípio estabelecido, se for o caso de procurar definir o direito daquele povo glorioso por meio de claros indícios e da autoridade dos sábios. É verdade que a vontade de Deus é de per si invisível, mas as qualidades invisíveis de Deus "se manifestam ao intelecto pelas obras" [127]. De fato, sempre que houver um selo invisível, a cera impressa torna, não obstante tudo, visível a figura. Não se deve estranhar se a vontade divina pode ser captada exclusivamente por meio de sinais externos, uma vez que também aquela humana se manifesta, fora do sujeito que quer, somente por meio de sinais externos.

III

Afirmo, portanto, em relação a essa questão, que o povo romano se atribuiu por direito e, por isso, não por usurpação, a função de monarca, isto é, o império, sobre todos os mortais. Isso se prova em primeiro lugar como segue: ao povo mais nobre compete dominar sobre todos os outros; ora, o povo romano foi o mais nobre; logo, a ele competia dominar sobre todos os outros.

A premissa maior do silogismo é demonstrada por sua vez com este raciocínio: uma vez que a honra é uma recompensa da virtude e que toda forma de supremacia é uma honra, toda forma de supremacia é também uma recompensa da virtude. Ora, é de todo sabido que os homens se enobrecem pelo mérito que deriva da virtude, virtude própria ou dos antepassados. "A nobreza é virtude e riqueza antiga", como diz o filósofo em *Política* e, como diz Juvenal, "a nobreza do ânimo é só e única virtude".

---

[126] Aristóteles, Ética a Nicômaco, I, 1.
[127] Epístola aos Romanos, I, 20.

Essas duas máximas se referem, portanto, a duas nobrezas, ou seja, à própria e à dos antepassados. Compete, portanto, aos nobres, por esse motivo, o prêmio da senhoria. Ora, como as recompensas devem ser proporcionais aos méritos, segundo a palavra evangélica "com a mesma medida com que medirem, vocês serão medidos" [128], ao nobre no mais alto grau compete o supremo comando.

Por outro lado, as testemunhas antigas dão sustentação à premissa menor. De fato, nosso divino poeta Virgílio atesta através de toda a *Eneida*, para lembrança eterna, que o gloriosíssimo rei Eneias foi o progenitor do povo romano. Esse fato é confirmado por Tito Lívio, ilustre escritor dos grandes empreendimentos dos romanos, na primeira de sua obra que se inicia com a conquista de Troia[129]. Quanto tenha sido nobre esse homem, pai extremamente invicto e pio, considerando não somente sua virtude, mas também aquela de seus progenitores e esposas, nobreza que possuía por direito hereditário, eu não estaria em condições de explicar e, por isso, decido em "referir os fatos em linhas gerais" [130].

Tomando em consideração sua nobreza pessoal, convém ouvir nosso poeta que, no primeiro livro, introduz Ílion e o faz proferir estas palavras: "Nosso rei era Eneias. Nenhum outro foi mais justo ou piedoso, nem maior na guerra e nas armas" [131].

Do mesmo modo devemos escutá-lo no sexto livro, quando, a propósito do falecido Miseno, ajudante de Heitor na guerra e que depois da morte deste se pusera a serviço de Eneias, diz que o próprio Miseno "não tinha seguido um herói inferior"[132]. Desse modo, compara Eneias com Heitor, que Homero glorifica acima de todos, como refere o filósofo em *Ética a Nicômaco*, na passagem em que trata dos costumes que devem ser evitados[133]. Quanto à nobreza hereditária do nosso herói, contudo, podemos ler que as três partes do mundo contribuíram para enobrecê-lo, tanto por seus ancestrais quanto por suas esposas. Assim a Ásia, com os ancestrais mais próximos, como Assaraco e outros que reinaram na Frígida, região da Ásia; por isso, nosso poeta diz no terceiro livro:

---

[128] Evangelho de Mateus, 7, 2.
[129] Titus Livius, Ab Urbe Condita, I, 1.
[130] Publius Vergilius Maro (71-19 a.C.), Eneida, I, 342.
[131] Idem, Eneida, I, 544-45.
[132] Publius Vergilius Maro (71-19 a.C.), Eneida, VI, 166-170.
[133] Aristóteles, Ética a Nicômaco, VII, 1.

> *"Depois que pareceu aos deuses supremos destruir*
> *o poderio da Ásia e a inocente raça de Príamo..."* [134]

Além disso, a Europa o enobreceu com o antiquíssimo antepassado Dardânio, mas também a África, com a vetustíssima ancestral Electra, nascida de Atlas, rei de grande fama. De ambos nosso poeta dá testemunho no livro oitavo, quando Eneias diz estas palavras a Evandro:

> *"Dardânio, primeiro pai e fundador da cidade de Troia,*
> *nascido, como narram os gregos, de Electra, filha de Atlas,*
> *entre os teucros chega: Electra, o poderoso Atlas gerava,*
> *que sobre seus ombros os mundos celestes sustenta"* [135].

Que Dardânio tivesse suas origens na Europa, é isso que nosso poeta canta no terceiro livro:

> *"Um local existe que os gregos denominam Hespéria,*
> *terra antiga, poderosa pelas armas e pela fecundidade do solo.*
> *Habitada pelos enótrios, ora é notório que Itália foi chamada*
> *pelos descendentes destes, do nome de comandante:*
> *Esta terra a nós destinada, nela Dardânio nasceu"* [136].

Além disso, que Atlas fosse originário da África confirma-o o monte que leva seu nome, precisamente em terras da África, como diz Orósio em sua descrição do mundo: "Os limites externos dessa terra são o monte Atlas e as ilhas que se chamam Afortunadas" [137]. "Dessa" se refere à África, porquanto é da própria África que falava.

De modo semelhante, acredito que Eneias foi enobrecido pelo matrimônio. De fato, sua primeira mulher, Creusa, filha do rei Príamo, era da Ásia, como se pode constatar pelo que foi dito há pouco. Que ela tenha sido sua esposa testemunha-o nosso poeta no terceiro livro, quando Andrômaca pede a Eneias, enquanto pai, notícias sobre o filho Ascânio:

---

[134] Publius Vergilius Maro (71-19 a.C.). Eneida, III, 1-2.

[135] Idem, Eneida, VIII, 134-137.

[136] Idem, Eneida, III, 163-167.

[137] Orósio, Historia, I,2.(15) Publius Vergilius Maro (71-19 a.C.), Eneida, III, 339-340.

> "E o menino Ascânio? Sobrevive e a aura vital respira,
> ele que Creusa deu à luz para ti, quando Troia estava em chamas?" [138]

A segunda esposa foi Dido, rainha e mãe dos cartagineses na África. Que tenha sido sua esposa, nosso poeta o canta no livro quarto, dizendo, com efeito, a respeito de Dido:

> "Nem Dido se dispõe mais a um amor furtivo:
> chama-o matrimônio e com esse nome encobre a culpa" [139].

Lavínia foi sua terceira mulher, mãe dos albanos e dos romanos, filha e ao mesmo tempo herdeira do rei Latino, se for verdadeiro o testemunho de nosso poeta no último livro, nas passagem em que introduz o vencido Turno que suplica dessa maneira a Eneias:

> "Venceste e eu, vencido, estender-te as mãos
> viram os ausônios: Lavínia é tua esposa" [140]".

Está última esposa era originária da Itália, a mais nobre região da Europa.

Depois de ter examinado preliminarmente essas provas para esclarecer a premissa menor, quem não estaria convencido de que o pai do povo romano e, por conseguinte, o próprio povo, foi o mais nobre sob a abóbada celeste? E para quem não seria evidente que precisamente esse dúplice concurso de sangue ilustre num só herói de todas as partes do mundo fosse devido a predestinação divina?

IV

Além disso, tudo aquilo que necessita de auxílio de milagres para atingir uma realização completa é querido por Deus e, por conseguinte, existe de direito. Que esta proposição seja verdadeira parece realmente claro, porquanto, como afirma Tomás

---

[138] Publius Vergilius Maro (71-19 a.C.), Eneida, III, 339-340.

[139] Idem, Eneida, IV, 171-172.

[140] Publius Vergilius Maro (71-19 a.C.), Eneida, XII, 936-37.

no terceiro livro *Contra Gentiles*, "milagre é aquilo que ocorre por vontade divina fora da ordem costumeira das coisas" [141]. Ele demonstra, portanto, que somente Deus tem a faculdade de operar milagres. Isso é confirmado pela autoridade de Moisés, em relação à praga dos mosquitos, quando os magos do faraó, depois de terem tentado utilizar-se dos elementos naturais com suas artes e terem falhado, disseram: "Aqui está presente o dedo de Deus." [142]

Se, portanto, o milagre é realização imediata da primeira causa, sem cooperação de segundos agentes – como o próprio Tomás o demonstra de modo suficiente no livro citado – quando se manifesta em favor de alguém, é falso dizer que não tenha sido disposto pelo beneplácito divino em relação àquele que é favorecido dessa maneira.

Em razão disso, é justo admitir o conceito oposto, isto é, o império romano atingiu a perfeição com o auxílio de milagres e, portanto, querido por Deus e ainda, por conseguinte, existiu e existe de direito. Por outro lado, que Deus tenha com toda evidência operado milagres para que o império romano alcançasse seu perfeito estabelecimento, é comprovado pelo testemunho de ilustres autores.

De fato, Tito Lívio atesta, na primeira parte de sua obra, que, enquanto Numa Pompílio, segundo rei dos romanos, oferecia sacrifícios segundo o rito gentílico, um escudo caiu do céu sobre a cidade eleita por Deus[143]. Relembra esse milagre Lucano, no nono livro da Farsália, quando descreve a força incrível do vento austro que a Líbia é obrigada a suportar. De fato, diz[144]:

"Assim, caíram (os escudos),
enquanto Numa oferecia sacrifícios, que jovens escolhidos
carregam sobre patrícios ombros; o austro ou bóreas
havia subtraído aos povos os escudos ora nossos."

---

[141] Tomás de Aquino, Contra Gentiles, III, 101.
[142] Êxodo 2, 16-19.
[143] Titus Livius, Ab Urbe Condita, I, 20.
[144] Lucano, Pharsalia, IX, 477-80.

Quando os gauleses, que já haviam conquistado o resto da cidade, confiando na escuridão da noite, escalavam furtivamente o Capitólio, último baluarte do nome romano, Tito Lívio e muitos ilustres escritores concordemente testemunham que um ganso, nunca visto antes nesse lugar, denunciou com seu grasnar a presença dos gauleses e levou os guardas a defenderem a cidadela[145]. Relembra o fato nosso poeta quando descreve a armadura de Eneias, no livro oitavo; de fato, assim escreve[146]:

> "No alto, Mânlio, guarda da fortaleza Tarpeia,
> estava diante do templo e defendia o excelso Capitólio;
> o recente palácio cobria-se do colmo de Rômulo.
> E ali um ganso de asas prateadas, esvoaçando sob os pórticos dourados,
> anunciava que os gauleses estavam às portas."

Não somente isso, mas quando a nobreza romana, sob o assédio de Aníbal, se sentia sob tal pressão que para a destruição final do poderio romano só faltava o assalto dos cartagineses à cidade, Tito Lívio, entre os outros fatos memoráveis acontecidos durante a guerra púnica, escreve que, por causa de um improviso e intolerável granizo que provocou a confusão entre os vencedores, a vitória não se realizou[147].

Não foi, além disso, digna de admiração a travessia de Clélia que, durante o assédio de Porsenna, mesmo sendo mulher e prisioneira, quebrou as correntes e, ajudada por admirável auxílio de Deus, atravessou a nado o Tibre, como relembram para glória da mesma quase todos os historiadores de Roma? [148]

Desse modo devia operar aquele que predispôs desde a eternidade cada coisa numa ordem harmoniosa, de maneira a realizar, quando era ainda invisível, os milagres em favor da realidade visível, precisamente como, uma vez tornada visível, os teria realizado em testemunho daquela invisível.

---

[145] Titus Livius (59 a.C.- 17 d.C.), Ab Urbe Condita, V, 47.
[146] Publius Vergilius Maro (73-19 a.C.), Eneida, VIII, 652-56.
[147] Titus Livius (59 a.C.- 17 d.C.), Ab Urbe Condita, XXVI, 11.

[148] Idem, *Ab Urbe Condita*, II, 13.

V

Além disso, quem se propõe procurar o bem público, visa também a finalidade do direito. Esta consequência necessária demonstra-se da seguinte maneira: o direito é uma relação real e pessoal de homem para homem que, observada, serve à sociedade e, corrompida, a corrompe. Por outro lado, a conhecida descrição que se encontra no *Digesto* não diz em que consiste o direito, mas o define por meio da noção de sua aplicação prática.

Se, portanto, o mencionado conceito inclui de modo satisfatório a essência e a causa e se a finalidade de qualquer sociedade é o bem comum, é necessário que a finalidade de todo direito seja o bem comum. É impossível, no entanto, que subsista um direito que não vise o bem comum. A esse propósito se expressa muito bem Cícero na *Primeira Retórica*[149]: "As leis devem ser sempre interpretadas em favor da República." Se, portanto, não forem dirigidas em proveito daqueles que as observam, são leis somente de nome, mas não podem sê-lo na substância, porquanto as leis devem vincular reciprocamente os homens, em vista da utilidade comum. Por essa razão é que Sêneca, no livro *Das Quatro Virtudes*, de modo oportuno afirma que "a lei é o vínculo da sociedade humana" [150]. Parece claro, portanto, que aquele que visa atuar o bem da coisa pública visa também o direito.

Se os romanos, portanto, visavam o bem da coisa pública, corresponde à verdade dizer que visaram também como finalidade o direito. Por outro lado, que o povo romano se tenha proposto o mencionado bem com a submissão do mundo inteiro, é testemunhado claramente por tudo o que empreenderam. De fato, por meio dessas conquistas, desvinculando-se de toda cobiça, inimiga desde sempre da coisa pública e, ao contrário, privilegiando a paz universal juntamente com a liberdade, esse povo santo, pio e glorioso parece ter desprezado seus

---

[149] Marcus Tullius Cicero (106-43 a.C.), De Inventione, I, 38. Esta obra era mais conhecida, durante a Idade Média, sob o título Rhetorica Prima ou Rhetorica Vetus.

[150] Dante Alighieri segue a opinião de Isidoro de Sevilha ao atribuir esta passagem a uma obra de Sêneca. Na verdade, trata-se de citação extraída do opúsculo de São Martinho, arcebispo de Braga (séc. VI), intitulado Formula vitae honestae: de quantuor virtutibus, que parece ter-se inspirado na obra perdida De Officiis, de Sêneca.

interesses particulares em favor daqueles públicos para a salvação do gênero humano. Por isso com toda a justiça foi escrito: "O império romano nasce da fonte da piedade" [151].

Porque, no entanto, as intenções de todos aqueles que agem por livre escolha se manifestam fora do objeto somente por sinais exteriores e porque as argumentações devem ser individuadas conforme a matéria tratada – como já foi dito anteriormente – teremos sido bastante incisivos se tivermos conferido importância aos inequívocos sinais, por intermédio dos quais se manifestou o propósito do povo romano, tanto nos organismos colegiais quanto nas pessoas em particular.

No tocante aos organismos colegiais, pelos quais os cidadãos parecem ligados de certo modo à república, basta recorrer à autoridade de Cícero que, no segundo livro *Dos Deveres*, escreve: "Enquanto a autoridade da república foi mantida com benefícios e não com injustiças, as guerras eram feitas em prol dos aliados ou na defesa da soberania e seu êxito era ameno ou imposto pelas circunstâncias.

O senado era porto e refúgio de reis, povos e nações, e nossos magistrados e comandantes se empenhavam em colher a glória sobretudo na defesa justa e leal das províncias e dos aliados. Tudo isso podia ser definido, portanto, antes como "patrocínio" do que "domínio" do mundo". Estas são palavras de Cícero[152].

Com relação às pessoas em particular, vou proceder falando delas resumidamente. Como não reconhecer, portanto, que visaram o bem comum aqueles que se empenharam em enriquecê-lo com o suor, com a pobreza, com o exílio, com a perda dos filhos, com a mutilação dos corpos e, enfim, com a oblação da própria vida? Cincinato não nos deixou porventura esse santo exemplo ao renunciar livremente a seu alto encargo quando vencia seu período, uma vez que, tirado do arado e nomeado ditador, como diz Tito Lívio, depois da vitória e do triunfo, restituiu o cetro do comando aos cônsules e voltou a

---

[151] Esta citação é de origem incerta. Em todo o caso, aparece em Legenda Aurea de Jacopo da Varagine (séc. XIII) e também em Vida de Luíz VII de Sugero (séc. XII).
[152] Marcus Tullius Cicero (106-43 a.C.), De Officiis, II, 8.

suar atrás dos bois no arado, por sua livre decisão? [153] Precisamente para elogiá-lo, Cícero, quando discute contra Epicuro, no livro *Sobre o fim dos bens*, relembra esse benefício e escreve: "Nossos antepassados tiraram Cincinato do arado para que se tornasse ditador" [154].

E Fabrício não foi para nós um ilustre modelo de comportamento ao resistir à cobiça, quando, em pobreza extrema, por seu forte apego à coisa pública desprezou a grande soma de ouro que lhe havia sido oferecida e recusou, em seu desprezo, aquilo que havia desprezado com palavras dignas dele? [155] Nosso poeta também relembrou o fato, ao cantar no livro sexto: "Na pobreza, rico foi Fabrício" [156].

Não foi para nós, além disso, memorável exemplo ao preferir as leis a suas próprias conveniências, Camilo, segundo relata Tito Lívio, condenado ao exílio, depois de ter libertado a pátria assediada, não só restituiu a Roma o espólio romano, mas se afasta da cidade sagrada, apesar dos protestos de todo o povo e não voltou antes que lhe fosse concedida pela autoridade do Senado a permissão de repatriar? Foi este homem magnânimo que o poeta celebra no sexto livro, dizendo: "Camilo que traz de volta as insígnias" [157].

Não ensinou a antepor a liberdade da pátria aos próprios filhos e a todos os outros o primeiro Bruto que, como narra Tito Lívio, condenou à morte, na qualidade de cônsul, os próprios filhos porquanto conspiravam com os inimigos? [158] Sua glória é renovada por nosso poeta que, no livro sexto, assim o elogia: "E os filhos que tramavam novas guerras, o pai, em favor da bela liberdade, os destinava à morte" [159].

Por sua vez, Múcio nos persuadiu a ousar pela pátria quando, depois de atacar o incauto Porsenna, olhava a mão que errara queimando, mão que era precisamente a dele, com o mesmo olhar com

---

[153] Titus Livius (59 a.C.-17 d.C.), Ab Urbe Condita, III, 26-29.

[154] Marcus Tullius Cicero (106-43 a.C., De Finibus, II, 4.

[155] Valério Máximo, Facta et dicta memorabilia, IV, 3.

[156] Publius Vergilius Maro (71-19 a.C.), Eneida, VI, 843.

[157] Idem, Eneida, VI, 825.

[158] Titus Livius (59 a.C. – 17 d.C.), Ab Urbe Condita, II, 5.

[159] Publius Vergilius Maro (71-19 a.C.), Eneida, VI, 820-21.

que teria contemplado um inimigo ser torturado. Até Tito Lívio se admira desse fato ao testemunhá-lo[160].

Cumpre acrescentar ainda as sacratíssimas vítimas, os Décios, que ofereceram em holocausto as próprias vidas pela salvação de todos, como narra Tito Lívio, enaltecendo-os quanto pode, mas não tanto quanto teriam merecido[161]. Acrescente-se ainda o inenarrável sacrifício do austero tutor da liberdade, Marco Catão[162]. Os primeiros não tiveram medo das trevas da morte, uma vez que se tratava da salvação da pátria; o segundo, como pretendia acender nos homens o amor da liberdade, mostrou quanto ela valia ao preferir abandonar a vida, livre, antes que viver sem liberdade.

A fama desses é revigorada pelas palavras de Cícero. De fato, no tratado *Da finalidade do bem*, assim fala dos Décios: "Talvez Públio Décio, primeiro cônsul naquela família, se votava à morte, irrompendo no meio das fileiras latinas com o cavalo a rédeas soltas e enquanto isso pensava em seus próprios prazeres, procurando onde e quando desfrutar deles? Não estaria certo, ao contrário, que logo haveria de morrer e, portanto, pretendia buscar a morte com desejo mais ardente do que Epicuro achava que se devesse ir em busca do prazer? Se este feito memorável não tivesse sido elogiado com justiça, não o teria imitado seu filho, quando era cônsul pela quarta vez, nem muito menos o filho deste último, quando combatia contra Pirro, teria morrido na qualidade do cônsul, precisamente em combate e, desse modo, teria consagrado sua vida à república como terceira vítima de uma série ininterrupta de gerações" [163].

A respeito de Catão, assim escrevia no livro *Dos Deveres*: "A situação de Marco Catão não era diversa daquela de todos aqueles que se renderam a César na África. Entretanto, se esses se tivessem

---

[160] Titus Livius (59 a.C. – 17 d.C.), Ab Urbe Condita, II, 12. A passagem se refere ao cerco de Roma por obra dos etruscos. Num ato de ousadia, Múcio se infiltrou nos exércitos inimigos e penetrou na tenda do rei etrusco Porsenna para matá-lo; enganou-se, porém, e acabou matando um secretário do rei. Desapontado com seu próprio equívoco, como que para castigar sua mão direita por esse erro, colocou-a sobre um braseiro e a deixou arder.

[161] Titus Livius (59 a.C.-17 d.C.). Ab Urbe Condita, VIII, 9 e X, 28.

[162] Partidário de Pompeu, Catão preferiu suicidar-se que entregar-se a César.

[163] Marcus Tullius Cicero (106-43 a,C.), De Finibus, II, 19.

suicidado, teriam sido recriminados precisamente por esse fato, porque levavam uma vida frívola e seus costumes eram igualmente libertinos. A natureza, porém, havia dotado Catão de incrível dignidade, fortalecida por um comportamento rigorosamente coerente e, além disso, ele se mostrara sempre firme nos propósitos e nas decisões tomadas. Convinha a ele morrer antes que contemplar o rosto do tirano" [164].

Duas coisas, portanto, ficam demonstradas. Primeiro, que todo aquele que se propõe o bem da coisa pública visa também a finalidade do direito. Segundo, que o povo romano, ao submeter o mundo inteiro, visava unicamente o bem público. Ora, para a demonstração devemos argumentar assim: quem se propõe a finalidade do direito, procede junto com o direito. O povo romano, ao submeter o mundo, visava atuar o fim do direito, como foi provado de modo manifesto nas passagens precedentes deste capítulo. Logo, ao apoderar-se do mundo, o povo romano o fez com direito e, por conseguinte, adjudicou a si a dignidade do império. Para que se possa, porém, chegar a esta conclusão, partindo de premissas claras, é necessário explicar a frase: "Quem se propõe o fim do direito, procede junto com o direito."

Pra a evidência desse conceito, deve-se considerar que toda e qualquer coisa existe para determinado fim, pois de outro modo seria inútil, o que não pode acontecer, como foi dito anteriormente. Assim, do mesmo modo como toda e qualquer coisa existe para um fim que lhe é próprio, assim também todo e qualquer fim está ligado a alguma coisa que lhe é própria. Por isso, é impossível que duas coisas, pelo fato de serem duas e especificas, tendam a um mesmo e único fim. De outro modo, resultaria o mesmo inconveniente, ou seja, que uma das duas seria inútil.

Uma vez que, portanto, o direito tem um determinado fim, como já foi dito, é necessário que, se for admitido esse fim, se admita também a qual é pertinente e do qual deva ser intrinsecamente efeito. Ora, como em todo enunciado é impossível ter o antecedente sem o consequente, como, por exemplo, não se pode ter o homem sem o animal – este conceito é claro, seja ele exposto de forma positiva ou negativa – não é possível, por-

---

[164] Marcus Tullius Cicero (106-43 a,C.), De Officiis, I, 31.

tanto, procurar o fim do direito sem o próprio direito, uma vez que toda e qualquer coisa existe em função de seu próprio fim, como o consequente está em relação ao antecedente. De fato, é impossível, por exemplo, que os membros gozem de boa saúde sem a própria saúde.

Torna-se, portanto, de todo evidente que aquele que se propõe realizar o fim do direito necessariamente deva propô-lo juntamente com o direito. Não tem valor algum a objeção que se pretende extrair das palavras do filósofo ao tratar da benquerença. Diz ele a respeito: "Por outro lado, pode derivar também de um falso silogismo a devida consequência, mesmo se isso não ocorre com meio válido, porque o termo médio é falso" [165].

Com efeito, se de premissas falsas se chegar, no entanto, a uma conclusão verdadeira, isso ocorre acidentalmente, porquanto são os termos externos da consequência que reproduzem a verdade. Em outras palavras, o verdadeiro nunca pode resultar de per si de premissas falsas, mesmo que os termos que exprimem o verdadeiro possam resultar com facilidade daqueles que distinguem o falso. Assim ocorre nas ações. Por exemplo, embora o ladrão venha em auxílio do pobre com o produto de roubo, não se trata, contudo, de esmola, mas de uma ação que seria verdadeira esmola somente se fosse feita com bens próprios.

O mesmo ocorre com o fim do direito. Com efeito, se fosse obtido como fim aquilo que é obtido fora do direito, que nada mais seria que o bem comum, teria tanto valor como a doação feita com o produto de roubo tem valor de esmola. Desse modo, uma vez que em nossa proposição se fala do fim ou finalidade do direito como é realmente e não como pudesse parecer, a objeção é nula. Fica bem claro, portanto, aquilo que procurávamos apurar.

VI

Além disso, tudo aquilo que a natureza ordenou conserva-se de direito. Com efeito, a natureza, ao provar, não é inferior à providência dos homens porque, caso fosse inferior, o efeito superaria a causa em bondade, o que é impossível. Por outro lado, vermos que, ao instituir

---

[165] Aristóteles, Ética a Nicômaco, VI, 10.

organismos colegiais, aquele que determina sua formação considera não somente a hierarquia e as relações de seus membros, mas também suas aptidões em exercer as várias funções. Isto significa circunscrever o direito dos organismos colegiais ou da ordem. De fato, o direito não pode ultrapassar os limites do poder atribuído.

A natureza, portanto, em relação aos seres que ordenou, não é inferior à providência humana. Por isso é evidente que ela atribui funções aos seres, avaliando as aptidões de cada um, e esta avaliação está precisamente na base do direito instituído pela natureza. Disso deriva que a ordem natural das coisas não pode ser mantida quando o direito está ausente, uma vez que, ao contrário, o fundamento do direito está inseparavelmente unido à ordem. Torna-se necessário, enfim, que a ordem seja mantida de direito.

O povo romano foi predestinado pela natureza a comandar. Isso se explica da forma seguinte: assim como não poderia alcançar a perfeição numa arte aquele que visasse somente sua forma final e não se preocupasse com os meios necessários para obtê-la, assim também falharia a natureza se tendesse no universo exclusivamente à forma universal, que é a semelhança divina, e não se preocupasse com os meios necessários para atingir esse objetivo. A natureza, porém, não carece de perfeição em nada, porquanto é obra da inteligência divina. Ela predispõe, portanto, todos os meios pelos quais consegue realizar seu intento final. Uma vez que, portanto, o fim do gênero humano é um meio necessário ao fim universal da natureza, esta deve visar precisamente a ele. Por esse motivo o filósofo afirma com razão, no segundo livro da *Física*, que a natureza opera sempre em função de um fim[166].

Por outro lado, posto que a natureza não pode atingir esse fim por meio de um só homem, porquanto são necessárias para sua realização numerosas operações que requerem uma multidão de operadores, a natureza deve produzir uma multidão de homens ordenados a múltiplas operações. Para isso, em muito contribuem, além da influência dos astros, as virtudes e as propriedades da terra. Por essa razão é que observamos que não somente certos indivíduos mas determinados povos são levados naturalmente a dominar, enquanto outros se adaptam à submis-

---

[166] Aristóteles, Física, II, 2.

são e à servidão, como afirma o filósofo em sua *Política*. De fato, diz: "Para esses homens, ser governados não é somente útil, mas também justo, mesmo que para tanto seja utilizada a força" [167].

Se desse modo são colocadas as coisas, não resta dúvida que a natureza predispôs na terra uma região e um povo para o governo universal, caso contrário, procederia contra si mesma, o que é impossível. A respeito da região e do povo, parece bastante claro, com base naquilo que foi dito anteriormente e naquilo que será dito mais adiante, que se trata de Roma e de seus cidadãos, isto é, de seu povo. Disso fala de maneira muito sutil nosso poeta no sexto livro, na passagem em que introduz Anquises que profere esse vaticínio a Eneias, como pai dos romanos:

> *"Outros haverão de plasmar de modo mais fácil o bronze,*
> *como o creio, e haverão de extrair vultos vivos do mármore,*
> *mais hábeis haverão de perorar causas, movimentos do céu*
> *haverão de descrever e haverão de anunciar o surgimento dos astros:*
> *tu, romano, lembra-te que és feito para dominar e governar os povos.*
> *Essas serão tuas artes: ditar normas para a paz,*
> *perdoar aos que se rendem e debelar os soberbos"* [168].

Além disso, no quarto livro sublinha com eficácia a qualidade predestinada da região, quando introduz Júpiter que fala de Eneias a Mercúrio nestes termos:

> *"Não foi este que nos prometeu a belíssima mãe*
> *e, duas vezes, por isso o salvara das armas gregas,*
> *mas aquele que, fecundo de domínio e fremente em guerra,*
> *a Itália deveria governar"* [169].

Uma vez mais ficou demonstrado de modo definitivo que o povo romano foi predisposto pela natureza para comandar. Ao conquistar o mundo inteiro, adjudicou a si, portanto, de direito o império.

---

[167] Aristóteles, A Política, I, 5.

[168] Publius Vergilius Maro (71-19 a.C.), Eneida, VI, 847-53.

[169] Idem, Eneida, IV, 227-30. Eneias teria sido salvo duas vezes por Vênus. A primeira, contra Diomedes, e a segunda, durante o incêndio de Troia.

VII

Para captar também a verdade daquilo que se indaga, é necessário saber que os desígnios divinos a respeito dos acontecimentos são por vezes transparentes e por vezes ocultos aos homens. Podem manifestar-se de duas formas: pela razão humana e pela fé. Há alguns desígnios de Deus, portanto, que a razão humana pode chegar a conhecer por seus próprios meios, por exemplo, o caso em que um homem deve expor a vida em defesa da pátria. Se, de fato, a parte deve expor-se para a salvação do todo, uma vez que o homem é parte da cidade, como é demonstrado pelo filósofo no livro *Política*[170], o homem deve expor-se pela pátria, enquanto bem menor em favor de um bem maior. Por isso o filósofo diz em *Ética a Nicômaco*: "Se é amável o bem de um homem em particular, ainda mais belo e divino é aquele relativo a um povo e à cidade" [171]. E este é um juízo de Deus; caso contrário, a razão humana não se adequaria, em sua retidão, à intenção da natureza, o que é impossível.

Há, no entanto, alguns juízos de Deus que a razão humana não pode penetrar com suas próprias forças, mas aos quais consegue elevar-se com o auxílio da fé, desígnios de que nos falam as *Sagradas Escrituras*. Nenhum homem, por exemplo, por mais que seja dotado de virtudes morais e intelectuais, isto é, perfeito nas atitudes como nas possibilidades de realizá-las, pode salvar-se sem a fé, mesmo que nunca tenha ouvido falar de Cristo. E a razão humana não é capaz por si só de captar se algo é justo, mas com o auxílio da fé adquire essa faculdade. De fato, está escrito na *Carta aos Hebreus*: "É impossível sem fé ser agradável a Deus" [172]. No *Levítico* está escrito: "Todo homem da casa de Israel que matar um boi, uma ovelha ou uma cabra no acampamento ou fora dele e não o oferecer em oblação ao Senhor, diante da porta do tabernáculo, será réu do sangue derramada" [173]. A porta do tabernáculo representa Cristo, que é a porta do conclave eterno, como se pode deduzir do Evangelho[174]; a morte dos animais simboliza as ações humanas.

---

[170] Aristóteles, A Política, I, 2.

[171] Aristóteles, Ética a Nicômaco, I, 1.

[172] Espístola aos Hebreus, 11,6.

[173] Levítico, 17, 3-4.

[174] Evangelho de João, 10, 7-11.

Há, no entanto, um oculto juízo de Deus, a que a razão humana não pode chegar nem pela lei da natureza, nem pela lei das Escrituras, mas só excepcionalmente por uma graça especial. Este desígnio de Deus se verifica de diversas maneiras: às vezes por meio de simples revelação, outras vezes com o auxílio da revelação sufragada por uma prova. Com a simples revelação, é atuada de duas maneiras: ou por vontade espontânea de Deus ou pela força da oração. Por vontade espontânea de Deus, de duas maneiras: de modo expresso ou por sinais. De modo expresso, como no caso em que foi revelado a Samuel o juízo divino contra Saul[175]. Por sinais, como no caso em que foi revelado ao faraó o que Deus havia decidido sobre a libertação dos filhos de Israel[176]. A propósito da intercessão com orações, sabiam muito bem disso aqueles que no segundo livro dos *Paralipômenos* diziam: "Posto que não sabemos o que devemos fazer, uma só coisa nos resta: erguer os olhos a ti" [177].

No tocante ao desígnio mediante prova, verifica-se de duas maneiras: por meio de sorteio ou por meio de um certame; "competir num certame", com efeito, deriva da expressão "tornar certo". Por vezes o desígnio de Deus é revelado aos homens por meio de sorteio, como se verifica de modo evidente na substituição de Matias, fato relatado nos *Atos dos Apóstolos*[178].

Com o certame, o juízo de Deus se exterioriza precisamente de duas maneiras: mediante o choque de forças, como ocorre com o duelo dos lutadores, chamados também duelantes, ou mediante o embate de vários competidores que tentam superar-se para a conquista de uma meta, como acontece na competição dos atletas que se perfilam numa corrida.

A primeira dessas modalidades é representada entre os gentios pelo famoso duelo entre Hércules e Anteu, relembrado por Lucano no quarto livro da *Farsália* e por Ovídio no livro das *Metamorfoses*[179].

---

[175] Primeiro livro de Samuel, 15, 10-11.

[176] Êxodo, cap. 7 a 14.

[177] Segundo livro dos Paralipômenos, 20, 12. As Bíblias modernas conferem a esse livro o designativo de Crônicas; portanto, Segundo livro das Crônicas.

[178] Atos dos Apóstolos, I, 23-26. A passagem se refere ao sorteio realizado pelos onze Apóstolos entre os dois candidatos para ocupar a vaga deixada com o suicídio do traidor Judas Iscariotes. Os candidatos eram José, chamado Barrabas, e Matias, e a sorte recaiu sobre este último.

[179] Mascus Annaeus Lucanus (séc. I d.C.), Pharsalia, IV, 590-655; Publius Ovidius Naso (43 a.C.-18 d.C.),

A segunda é representada pela competição entre Atalante e Hipomenes, descrita no décimo livro das *Metamorfoses*[180].

Não se deve, contudo, deixar de dizer, ao mesmo tempo, que existe uma diferença entre esses dois tipos de competição, ou seja, que numa dessas modalidades os duelantes podem procurar legitimamente interpor obstáculos, enquanto na outra não se pode fazê-lo. Nesse caso, os atletas não devem pôr obstáculos uns aos outros, embora nosso poeta parece pensar de outro modo quando, no livro quinto, faz premiar Euríalo[181]. Por outro lado, com razão Cícero proíbe esse expediente no livro terceiro *Dos Deveres*, seguindo a opinião de Crisipo: "Com razão diz Crisipo, como ocorre muitas vezes, que 'aquele que corre no estádio deve empenhar-se e lutar da melhor maneira para poder vencer, mas não deve de modo algum prejudicar aquele com quem compete" [182].

Depois de ter feito estas distinções no presente capítulo, podemos recorrer a dois argumentos eficazes em nosso tema. Um deriva da prova dos atletas e o outro, da luta dos duelantes. Tratarei disso nos capítulos seguintes e imediatos.

VIII

Aquele povo, portanto, que superou todos os outros na competição pelo domínio do mundo, prevaleceu por desígnio divino. Com efeito, Deus se interessa mais pela composição de um litígio universal que pelas contendas particulares. Ora, se em determinadas competições particulares entre atletas postulamos um desígnio divino, segundo o provérbio já bem difundido, "A quem Deus concede, Pedro também abençoa", não há dúvida que a conquista do predomínio por

---

Metamorphoseon, IX, 183-184. Invencível porque recuperava as forças sempre que tocava a mãe terra, o gigante Anteu foi finalmente derrotado e morto por Hércules.

[180] Publius Ovidius Naso (43 a.C.-18 d.C.), Metamorphoseon, X, 560-680. Sem rivais na corrida, Atalante foi desafiada por Hipomenes que conseguiu vencer a competição fazendo cair maçãs douradas das Espérides e distraindo dessa forma a jovem, que depois acabou por desposar.

[181] Publius Vergilius Maro (71-19 a.C.), Eneida, V, 286-361. Para que Euríalo pudesse vencer a corrida, Niso provoca a queda de Sálio.

[182] Marcus Tullius Cicero (106-43 a.C.), De Officiis, III, 10.

parte dos atletas que competiam pelo domínio do mundo seja consequência de um desígnio de Deus.

O povo romano prevaleceu sobre todos os atletas que competiam pelo predomínio do mundo e isso será evidente se, ao considerar os competidores, for considerado também o prêmio ou a meta. O prêmio ou a meta foi o predomínio sobre todos os mortais e é isso que denominamos império. Ora, essa supremacia não foi conquistada por nenhum outro a não ser pelo povo romano que, não só primeiro mas também único entre outros, alcançou a vitória no certame, como será de imediato provado.

Cumpre observar que o primeiro entre os homens que almejou essa meta foi Nino, rei dos assírios. Entretanto, mesmo que ele, como relata Orósio, tentasse conquistar o domínio universal, combatendo durante mais de noventa anos, junto com sua mulher Semíramis, conseguiu submeter toda a Ásia, mas nunca chegou a dominar as regiões ocidentais do mundo[183]. No quarto livro das *Metamorfoses*, Ovídio menciona os dois quando escreve a respeito de Piramo: "Semíramis cingiu a cidade de muros de tijoletas." E logo a seguir: "Concordam em reunir-se no túmulo de Nino e ocultar-se na sombra" [184].

O segundo que aspirou a esse prêmio foi Vesoges, rei do Egito e, embora tivesse conquistado, como relata Orósio, a Ásia meridional e setentrional, nunca chegou a possuir a metade do mundo. Ao contrário, foi demovido de seu projeto temerário pelos citas, como se estivesse a meio caminho entre os juízes da competição e a linha de chegada[185].

Depois foi Ciro, rei dos persas, que tentou o mesmo feito. Este, depois de destruir Babilônia e legar à Pérsia o império babilônico, sem ter medido forças ainda com o ocidente, perdeu a vida e os projetos que alimentava contra Tamírides, rainha dos citas[186].

Depois desses, Xerxes, filho de Dario e rei dos persas, invadiu o mundo com tamanha multidão de povos e com tamanho aparato militar que conseguiu superar, com uma ponte, o estreito de mar que entre Sexto e Abidos

---

[183] Paulus Orosius (séc. V d.C.), Historiarum adversus paganos libri, I, 4.
[184] Publius Ovidius Naso (43 a.C.-18 d.C.), Metamorphoseon, IV, 58 e 88.
[185] Idem, Historiarum adversus paganos libri, I, 14.
[186] Idem, Historiarum adversus paganos libri, II, 6-7.

separa a Ásia da Europa[187]. Lucano menciona essa obra admirável no segundo livro da *Farsália*, em que declama: "A fama celebra o intrépido Xerxes que, sobre os mares, construiu esses caminhos" [188]. Entretanto, miseravelmente impedido em sua tentativa, não conseguiu atingir sua meta.

Além desses e depois deles, Alexandre, rei da Macedônia e o mais próximo de todos da palma da monarquia, enquanto por meio de embaixadores procurava convencer os romanos à rendição, caiu no Egito, como relata Tito Lívio, antes da resposta dos romanos, como se estivesse na metade da corrida. Dá testemunho da sepultura ali existente Lucano, no oitavo livro da *Farsália*, em que ataca Ptolomeu, rei do Egito:

*"Última da raça dos Lágidas e votada a perecer,
prole degenerada, que passarás o cetro à incestuosa irmã,
enquanto guardas o Macedônio no antro sagrado"* [189].

"Ó sublimidade das riquezas, da sabedoria e da ciência de Deus!" [190] Quem não haveria de se maravilhar de ti a respeito? Com efeito, tu tiraste do certame Alexandre, enquanto ele tentava pôr obstáculos na corrida do co-atleta romano, a fim de que sua temeridade não o levasse mais longe.

Por outro lado, que Roma tenha colhido a palma de tão esplêndida competição, é comprovado por muitos testemunhos. De fato, assim diz nosso poeta no primeiro livro:

*"Certamente daqui os romanos outrora, ao volver dos anos,
do sangue renovado de Teucro, comandantes haveriam de nascer
para dominar soberanamente mar e terras"* [191].

E Lucano, no primeiro livro da Farsália:

---

[187] Idem, Historiarum adversus paganos libri, II, 10. Xerxes foi derrotado pelos gregos em Salamina (480 a.C.) e em Plateia (479 a.C.), derrotas que assinalaram o início do declínio do domínio persa.

[188] Marcus Annaeus Lucanus (séc. I d.C.), Pharsalia, II, 672-73.

[189] Idem Pharsalia, VIII, 692-94.

[190] Epístola aos Romanos, 11, 33.

[191] Publius Vergilius Maro (71-19 a.C.), Eneida, I, 234-36.

> *"Divide-se o reino com o ferro e do poderoso povo*
> *a Fortuna, que o mar e as terras e o universo inteiro possui,*
> *não tolera dois senhores"* [192].

Também Boécio, no livro segundo, ao falar do príncipe dos romanos, assim se exprime:

> *"Também este com o cetro regia os povos*
> *que Febo, enquanto os raios esconde sob as ondas,*
> *vindo do extremo oriente, contempla*
> *aqueles que os frios do setentrião oprimem,*
> *aqueles que o noto violento de sopro árido*
> *queima, inflamando as ardentes areias"* [193].

O mesmo testemunho dá também o autor da vida de Cristo, Lucas, que refere toda a verdade, naquela passagem de seu relato; "César Augusto promulgou um edito para que o recenseamento fosse feito no mundo inteiro" [194]. Por estas palavras podemos abertamente entender que os romanos exerciam então a jurisdição sobre o mundo todo.

Com base em todos esses exemplos fica evidente que o povo romano, na competição com todos os outros pelo domínio do mundo, prevaleceu e, portanto, prevaleceu em virtude de um desígnio de Deus. Por conseguinte, obteve o domínio por desígnio divino, o que significa que o obteve de direito.

IX

Além disso, aquilo que se conquista por meio do duelo, conquista-se de direito. De fato, quando o juízo humano falha, seja por estar envolto nas trevas da ignorância, seja por não ter magistrado que o exerça, para que a justiça não fique abandonada, deve-se recorrer àquele que a amou de tal modo que supriu com o próprio sangue, morrendo, aquilo que ela reclamava. Por isso diz o salmista: "O Se-

---

[192] Marcus Annaeus Lucanus (séc. I d.C.), Pharsalia, I, 109-111.
[193] Anicius Manlius Severinus Boethius (séc. V-VI d.C.), De Consolatione Philosophiae, II, 6.
[194] Evangelho de Lucas, 2, 1.

nhor é justo e amou a justiça" [195]. Pois bem, isso pode ser realizado quando, no livre consenso das partes, se deseja provocar um juízo divino mediante um recíproco choque das forças do corpo e da alma, motivado não pelo ódio, nem pelo amor, mas somente por um profundo desejo de justiça. Denominamos duelo esse choque porque primitivamente se tratava de luta de um homem contra outro homem.

Deve-se ter sempre presente, porém, que, assim como nas questões de guerra é necessário em primeiro lugar tentar todos os meios com o diálogo e só em último lugar se deve recorrer ao combate, como ensinam concordemente Vegécio e Cícero, respectivamente na *Arte Militar* e em *Os Deveres*[196]; e assim como nos cuidados médicos, antes de utilizar o ferro e o fogo, devem ser tentados todos os meios e só em último caso recorrer a esses dois elementos, assim também, somente depois de ter posto em prática todos os meios necessários para chegar à solução de um litígio, deve-se recorrer a esse meio extremo, obrigados por uma intrínseca exigência da justiça.

Dois são, portanto, os pressupostos essenciais do duelo. Sobre o primeiro, acabamos de falar há pouco. O segundo, a que foi feita referência anteriormente, consiste na necessidade de que os antagonistas ou duelantes se entreguem à luta de comum acordo, movidos não pelo ódio, nem pela paixão, mas exclusivamente pelo profundo desejo de justiça. Com razão dizia Cícero quando tratava do assunto: "Na realidade, as guerras pelas quais se tem o propósito de conquistar a coroa do império devem ser conduzidas com menos crueldade" [197].

Se, no entanto, os requisitos básicos do duelo forem observados (caso contrário, não seria duelo), aqueles que de comum acordo optam pelo choque, por que, impelidos pela necessidade de justiça e pelo grande amor por ela, não o fazem em nome de Deus? Se assim for, Deus não está talvez no meio deles, como ele mesmo nos promete no Evangelho? [198] Se Deus está presente, não é sacrílego pensar que possa sucumbir precisamente aquela justiça que ele tanto ama, como anteriormente foi assinalado? Se a justiça, porém, não pode

---

[195] Salmo 10, 8.

[196] Flavius Vegetius Renatus)séc. IV-V d.C.), Epitoma rei militaris, III, 9; Marcus Tullius Cicero (106-43 a.C.), De Officiis, I, 11.

[197] Marcus Tullius Cicero (106-43 a.C.), De Officiis, I, 12.

[198] Evangelho de Mateus 18, 19-20.

sucumbir no duelo, não se conquista de direito aquilo que se conquista por meio do duelo?

De resto, os próprios pagãos conheciam essa verdade antes que ressoasse a tuba evangélica, sempre que procuravam formar um juízo pela sorte de um duelo. Respondeu muito bem, portanto, o famoso Pirro, ilustre tanto pelos costumes dos eácidas quanto por linhagem, quando os romanos lhe enviaram embaixadores para tratar do resgate dos prisioneiros:

> *"Nem peço ouro, nem havereis de pagar resgate;*
> *não somos mercadores de guerra, mas combatentes,*
> *com o ferro e não com o ouro arriscamos juntos a vida.*
> *Que reineis vós ou eu, que assim o queira Hera ou a sorte,*
> *vamos prová-lo com a coragem.*
> *Aqueles que pela coragem a sorte lhes sorrir na guerra,*
> *por mim certamente gozarão da liberdade.*
> *Levai-a de presente"* [199].

Nessa passagem, Pirro chamava a sorte de Hera, enquanto nós, melhor e mais justamente, a essa causa dos acontecimentos denominamos "divina providência". Devem, pois, ficar atentos os duelantes para não combater por causa de lucro, porquanto não se estaria então frente a um duelo, mas diante de um mercado de sangue e de justiça. Nem se deveria, então, acreditar que Deus seja o árbitro, antes o seria o antigo inimigo que insuflava discórdia. Se, portanto, querem duelar e não se tornar mercadores de sangue e justiça, sempre que entrarem na arena, que tenham diante dos olhos a figura de Pirro que, em sua luta pela supremacia, desprezava o ouro, como foi dito há pouco.

Se contra a evidência da verdade se contesta a disparidade das forças, como se costuma fazer, a objeção deve ser eliminada com o episódio da vitória de Davi sobre Golias[200]. Se os pagãos pedem outro exemplo, relembre-se a vitória de Hércules sobre Anteu[201]. Real-

---

[199] Marcus Tillius Cicero (106-43 a.C.), De Officiis, I, 12.

[200] Primeiro livro de Samuel, 17, 4-51.

[201] Mascus Annaeus Lucanus (séc. I d.C.), Pharsalia, IV, 590-655; Publius Ovidius Naso (43 a.C.-18 d.C.), Metamorphoseon, IX, 183-184. Invencível porque recuperava as forças sempre que tocava a mãe terra, o

mente estulto é suspeitar que as forças num duelante são inferiores, quando é Deus que o fortalece.

Já está bem claro que as aquisições por meio do duelo são conquistas de direito. Ora, o povo romano conquistou o império por meio do duelo, o que é comprovado por testemunhos dignos de fé e que agora procuramos evidenciar, demonstrando também que toda controvérsia, desde os primórdios do império romano, foi definida por meio de um duelo. De fato, já no início foi motivo de conflito o cargo do pai Eneias, isto é, do primeiro pai desse povo, a quem se opunha Turno, rei dos rútulos. Por isso, de comum acordo, os dois reis decidiram enfrentar-se em combate singular, a fim de descobrir a vontade divina na investidura, como se pode ler os últimos versos da *Eneida*[202]. Nesse embate, a clemência do vitorioso Eneias teria sido tão grande que, na qualidade de vencedor, teria concedido ao vencido a vida com a paz, se não tivesse sido descoberto o escudo de Palas que Turno havia tomado ao matá-lo; é isso que atestam os últimos versos de nosso poeta[203]

Como os dois povos se desenvolveram na Itália da mesma raiz troiana, ou seja, o romano e o albano[204], lutaram durante longo tempo entre si pela posse da insígnia da águia, dos penates troianos[205] e da dignidade do principado. Por fim, de comum acordo, para dirimir legalmente a contenda, três irmãos Horácios de um lado e três irmãos Curiácios, de outro, combateram na presença dos reis e dos povos que assistiam de ambos os lados. Assim, depois que morreram os três lutadores albanos e dois dos romanos, a palma da vitória coube aos últimos, sob o rei Hostílio. Esse episódio é reconstituído com detalhes por Tito Lívio no primeiro livro e confirmado por Orósio[206].

Tito Lívio narra também que posteriormente, em relação a todas as leis de guerra, os romanos combateram pelo predomínio com os povos limítrofes, sabinos e samnitas, sempre na forma de

---

gigante Anteu foi finalmente derrotado e morto por Hércules.
[202] Publius Vergilius Maro (71-19 a.C.), Eneida, XII, 693-952.
[203] Idem, Eneida, XII, 938-952.
[204] Segundo a lenda, Alba Longa teria sido fundada por Ascânio, filho de Eneias.
[205] Os deuses penates presidiam as casas, sendo, portanto, os protetores do lar.
[206] Titus Livius (59 a.C.-17 d.C.), Ab Urbe Condita, I, 24-26; Paulus Orosius (séc. V. d.C.), Historiarum adversus paganos libri, II, 4.

duelo, por mais numerosos que fossem os combatentes. Nessa peculiar maneira de guerrear com os samnitas, a sorte, por assim dizer, quase se arrependeu de seu propósito inicial, o que é relatado como exemplo por Lucano no segundo livro da *Farsália*:

> *"Ou como exército de mortos defendeu Porta Colina,*
> *quando a capital do mundo e o poder universal*
> *quase mudaram de mãos e o samnita nas feridas*
> *romanas esperou além das Forcas Caudinas"* [207].

Entretanto, depois que os litígios com os povos itálicos foram resolvidos e, uma vez que ainda não se havia duelado em vista do desígnio divino com os gregos e com os cartagineses, sabendo-se que esses dois povos aspiravam ao império, descera ao campo de batalha Fabrício, pelos romanos, e Pirro, pelos gregos, assistidos por numerosas tropas, para a conquista gloriosa do domínio universal. Foi Roma que triunfou. Conduziram ainda a guerra sob forma de duelo Cipião, pelos itálicos, e Aníbal, pelos africanos, e os itálicos derrotaram os africanos, como relatam Tito Lívio e outros escritores da história romana[208].

Quem, portanto, teria mente tão obtusa que não notasse como, no direito de duelo, o povo glorioso ganhou a coroa de todo o universo? Na verdade, o romano poderia ter dito aquilo que o Apóstolo disse a Timóteo; "Foi reservada para mim a coroa da justiça" [209]; "foi reservada", isto é, conferida pela providência eterna de Deus. Que vejam, então, os juristas presunçosos quanto estão distantes daquele espelho da razão, no qual a mente humana contempla esses princípios, e que se calem contentando-se em produzir julgamentos e pareceres conformes com o sentido da lei.

Está plenamente claro que o povo romano conquistou o império por meio do duelo e, portanto, conquistou-o de direito. Este constitui o principal propósito do presente livro.

---

[207] Marcus Annaeus Lucanus (séc. I d.C.), Pharsalia, II, 135-38. Referência à batalha de Porta Colina (82 a.C.), em que Silas derrotou Marco Pôncio Telesino que, comandando um exército de samnitas, tentava ocupar Roma.

[208] Titus Livius (59 a.C.-17 d.C.), Ab Urbe Condita, XXI-XXX; Paulus Orosius (séc. V d.C.), Historiarum adversus paganos libri, IV, 17-19.

[209] Segunda Epístola a Timóteo, 4, 8.

X

Até agora esse propósito parece evidente graças às argumentações que se baseiam sobretudo em princípios racionais, mas doravante, porém, será necessário esclarecê-lo novamente à luz dos princípios da fé cristã.

Aqueles que se definem como zelosos observantes de nossa fé foram precisamente aqueles que de modo exagerado reagiram e em vão tramaram contra a primazia romana. Sequer demonstram compaixão pelos pobres de Cristo que, antes de tudo, são defraudados nas rendas eclesiásticas, enquanto, além de tudo, o próprio patrimônio é pilhado dia após dias, empobrecendo desse modo a Igreja. Entrementes, eles simulam a justiça e não admitem aquele que faz justiça.

Essa depauperação, contudo, recai sob o julgamento de Deus, uma vez que não é oferecido auxílio aos pobres com as riquezas da Igreja que, no entanto, pertencem também a eles e, por outro lado, esses bens não são guardados com a gratidão devida ao império que os oferece. Que retornem de onde provieram; provieram bem e retornam mal porque foram outorgados com benignidade e foram possuídos de modo mau. Que importa isso, contudo, a esses pastores? Que importa que a riqueza da Igreja se desperdice, se as propriedades de seus parentes aumentam? Talvez seja melhor prosseguir com o tema e aguardar em piedoso silêncio o socorro de nosso Salvador.

Afirmo, portanto, que, se o império romano não existiu de direito, Cristo ao nascer conferiu validade a uma coisa injusta. A consequência, no entanto, é falsa; por isso, aquela que contradiz a antecedente é verdadeira. De fato, as proposições que são contraditórias entre si são incompatíveis por causa do significado oposto.

Não é necessário mostrar aos fiéis a falsidade da consequente, porquanto se um homem tem fé, admite que ela é falsa e, se não a admite, é porque não tem fé; se não tem fé, porém, esses raciocínios são inúteis para ele.

Por conseguinte, explico desse modo o enunciado: quem, com plena determinação, observa um edito, demonstra com os fatos que esse edito é justo. Como as obras são mais persuasivas que as palavras, como afirma o filósofo nas últimas passagens da *Ética a*

Nicômaco[210], torna-o mais aceitável do que se fizesse por palavras. Ora, Cristo, como atesta o evangelista Lucas[211], quis nascer de uma virgem mãe sob o edito emanado pela autoridade romana, a fim de que o filho de Deus, nascido homem, fosse registrado como tal nesse excepcional recenseamento do gênero humano. Isso significava sujeitar-se ao edito. Talvez fosse, porém, mais justo pensar que esse edito foi promulgado por graça divina por César, a fim de que aquele que era esperado por tanto tempo na sociedade humana passasse a fazer parte dela voluntária e formalmente.

Cristo demonstrou nos fatos, portanto, que o edito de Augusto, que personificava a autoridade dos romanos, era legítimo. Como à legítima legislação está ligada a jurisdição, necessariamente aquele que demonstrou ser legítimo o edito confirmou também a jurisdição que, se não tivesse suas raízes no âmbito do direito, teria sido injusta.

Por outro lado, deve-se notar que o argumento escolhido para refutar a proposição consequente falsa, embora tenha sua base formal num lugar comum, demonstra sua validade por meio da segunda figura do silogismo, conquanto seja depois reduzido a argumento – que procede do antecedente que permaneceu inalterado na forma – por meio da primeira figura. O raciocínio redutivo se desenvolve da seguinte maneira: toda coisa injusta é avaliada injustamente; Cristo não consentiu injustamente; logo, Cristo não consentiu em coisa injusta. Com relação à antecedente infere-se: toda coisa injusta é avaliada injustamente; Cristo consentiu em coisa injusta: logo, consentiu injustamente.

XI

Se o império romano não foi de direito, o pecado de Adão não foi punido em Cristo e isto é falso: logo, é verdadeira a proposição que contradiz a antecedente, da qual deriva.

A falsidade da proposição consequente se demonstra assim. Todos éramos pecadores pelo pecado de Adão, segundo as palavras do Apóstolo: "Como por causa de um só homem entrou o pecado no

---

[210] Aristóteles, Ética a Nicômaco, X, 1.
[211] Evangelho de Lucas, 2, 1.

mundo e, pelo pecado, a morte, assim também a morte entrou em todos os homens porque todos pecaram" [212].

Se com a morte de Cristo não tivesse sido feita reparação do pecado, continuaríamos ainda filhos da ira por natureza[213], isto é, por causa de uma natureza decaída. Isto não é assim, porém, porquanto o Apóstolo escreve aos efésios a respeito do Pai: "Ele nos predestinou para sermos filhos adotivos por Jesus Cristo, segundo um desígnio de sua vontade, para louvor e glória de sua graça que derramou sobre nós em seu Filho dileto, no qual obtemos a redenção por meio de seu sangue e a remissão dos pecados pela riqueza de sua glória que desceu abundante sobre nós" [214]. O próprio Cristo, ao sofrer em si a punição, afirma no Evangelho de João: "Tudo está consumado" [215]. De fato, onde tudo está consumado, nada resta a fazer.

Pela coerência do raciocínio, deve-se saber que "punição" não significa simplesmente "pena a quem causa injúria", mas "pena infligida por aquele que possui jurisdição de punir a quem causa injúria". Se, portanto, a pena não é atribuída por um juiz regular, não deve ser definida "punição", mas antes "injúria". Por isso um culpado dizia a Moisés: "Quem te constituiu juiz sobre nós?" [216]

Se Cristo, portanto, não tivesse padecido sob um juiz regular, aquela pena não teria sido uma punição. O juiz, porém, não poderia ter sido regular, se não tivesse tido jurisdição sobre todo o gênero humano, porquanto a humanidade inteira era punida na carne de Cristo que "tomava sobre si nossas dores", como diz o profeta[217]. E Tibério César, cujo representante era Pilatos, não teria tido jurisdição sobre todo o gênero humano, se o império romano não fosse estabelecido de direito. Por isso Herodes, apesar de ignorar o que fazia, e Caifás, que anunciou a verdade por decreto celeste, entregaram Cristo a Pilatos para ser julgado, como

---

[212] Epístola aos Romanos, 5, 12.
[213] Epístola aos Efésios, 2, 3.
[214] Epístola aos Efésios, 1, 5-8.
[215] Evangelho de João, 19, 30.
[216] Êxodo, 2, 14.
[217] Isaías, 53, 3.

relata Lucas em seu Evangelho[218]. De fato, Herodes não era o representante de Tibério sob a insígnia da águia imperial, nem era representante do Senado, mas havia recebido dele a investidura como rei de um reino específico e governava dentro dos limites do poder atribuído a ele.

Que deixem, portanto, de injuriar o império romano aqueles que fingem serem filhos da Igreja, porquanto sabem que o esposo dela, Cristo, conferiu ao império legitimidade no início e no fim de sua militância terrena. Acredito que já está suficientemente claro que o povo romano se atribuiu de direito o domínio universal.

Ó povo feliz, ó gloriosa Ausônia[219], que jamais tivesse nascido aquele que enfraqueceu teu império ou, pelo menos, que jamais tivesse sido enganado por sua própria piedosa intenção[220].

---

[218] Evangelho de Lucas, 23, 11.

[219] Designativo poético da Itália, derivado do nome antigo povo dos ausônios que habitavam grandes extensões da Itália meridional.

[220] Alusão ao imperador Constantino que conferiu à Igreja poder temporal e espiritual sobre o império.

LIVRO TERCEIRO

O ENCARGO DA MONARQUIA PROVÉM IMEDIATAMENTE DE DEUS

I

"Fechou a boca dos leões e eles não me fizeram mal algum porque diante dele foi encontrada justiça em mim"[221]. No início desta obra foi meu propósito indagar três questões, dentro dos limites impostos pelo assunto. As duas primeiras foram tratadas de maneira suficiente, segundo creio, nos livros precedentes. Resta tratar agora a terceira, cuja verdade, não podendo emergir sem que alguns corem, talvez poderá ser causa de indignação contra mim. De seu trono imutável, porém, a verdade o solicita suplicante e, por outro lado, também Salomão, ao entrar na selva dos provérbios, nos admoesta a meditar a verdade e a detestar o ímpio que se prejudica a si mesmo. Assim também o filósofo, mestre dos costumes, exorta a sacrificar as opiniões pessoais por amor da verdade[222].

Enchendo-me de confiança pelas palavras de Daniel, mencionadas há pouco, nas quais o poder divino se interpõe como escudo dos

---

[221] Daniel 6, 22. Palavras ditas por Daniel ao rei Dario, ao ser retirado ileso da cova dos leões, para onde fora jogado por não obedecer a um decreto real.

[222] Aristóteles, Ética a Nicômaco, I, 4.

defensores da verdade[223] e, revestindo-me, segundo a exortação de Paulo, da couraça da fé[224], no ardor daquela brasa que um dos serafins retirou do altar celeste e com a qual tocou os lábios de Isaías[225], entrarei nesta arena e, com o braço daquele que nos libertou do poder das trevas derramando seu sangue, expulsarei do estádio, sob os olhares do mundo inteiro, o ímpio e o mentiroso. Que haverei de temer se o Espírito coeterno ao Pai e ao Filho diz pela boca de Davi: "O justo será lembrando eternamente e não deverá temer o discurso dos maus"? [226]

A presente questão a ser discutida se refere aos dois grandes luminares: o pontífice romano e o príncipe romano. Deve-se responder à questão se a autoridade do monarca romano, que por direito é monarca do mundo, como foi demonstrado no livro segundo, depende imediatamente de Deus ou se depende de algum vigário ou ministro de Deus, entendo aqui o sucessor de Pedro, que é verdadeiramente aquele que guarda as chaves do reino dos céus.

II

Para resolver a presente questão, como foi feito com as precedentes, é necessário partir de um determinado princípio, em virtude do qual se definem os argumentos destinados a tornar visível a verdade. Com efeito, sem um princípio prefixado, de que adianta empenhar-se em expor coisas, mesmo que verdadeiras, uma vez que somente nele têm sua raiz os termos intermediários necessários ao raciocínio?

Formule-se, portanto, de antemão esta verdade, irrefutável: Deus não quer aquilo que é contrário à intenção da natureza. Ora, se esta afirmação não fosse verdadeira, não seria falsa a proposição contrária, ou seja, Deus não se furta de querer aquilo que é contrário à intenção da natureza. Por outro lado, se esta proposição não é falsa, não é também aquilo que dela decorre. De fato, é impossível nos enunciados necessários que seja falso o consequente, se não é falso o antecedente.

Ao conceito, porém, de "furtar-se do querer" segue-se necessariamente um dos dois: "querer" ou "não querer", assim como àquele

---

[223] Provérbios, 30, 5.
[224] Primeira Epístola aos Tessalonicenses, 5, 8.
[225] Isaías, 6, 6-7.
[226] Salmo 111, 7.

de "não odiar" deve seguir-se "amar" ou "não amar", porquanto "não amar" não é a mesma coisa que "odiar" e não corresponde a "furtar-se do querer", "não querer", como é óbvio. Se as mencionadas expressões não são falsas, não será falsa tampouco a seguinte dedução: "Deus quer o que não quer". Não há, porém, falsidade maior que esta.

Provo assim a verdade daquilo que foi dito. É evidente que Deus quer um fim na natureza, pois, de outro modo, moveria ociosamente o céu, o que não se deve dizer. Por outro lado, se Deus quisesse o impedimento do fim, deveria querer também o fim do impedimento, caso contrário, haveria de querer sem motivo. Como fim do impedimento é a não existência da coisa impedida, disso decorreria que Deus quer a inexistência do fim da natureza, ao passo que se afirma que ele quer o contrário.

Se Deus, portanto, não quisesse o impedimento do fim, precisamente pelo fato do "não querer" enquanto tal, decorreria que não haveria de ter qualquer cuidado de que existisse ou não existisse esse impedimento. Ora aquele que não se preocupa com um impedimento, não se interessa tampouco com a coisa que pode ser impedida e, por conseguinte, não a torna objeto de sua vontade; mas aquele que priva sua vontade de um objeto, não o quer. Por isso, se o fim da natureza pode ser impedido, o que é possível, segue-se necessariamente que Deus não quer o fim da natureza e o resultado é aquilo que dizíamos antes, ou seja, que Deus quer aquilo que não quer. É realmente verdadeiro, portanto, o princípio de cuja proposição contraditória surgem consequências tão absurdas.

III

Convém notar, ao introduzir esta questão, que a primeira tinha como finalidade principal tornar evidente a verdade, mais para eliminar a ignorância que para extirpar litígios. A segunda questão, ao contrário, tinha por objeto, quase em igual medida, remover a ignorância e a ocasião de litígio. De fato, muitas são as coisas que ignoramos acerca das quais não discutimos. Assim, por exemplo, o geômetra não conhece a forma quadrada do círculo e não se entrega a debates sobre o assunto; o teólogo ignora o número dos anjos e não faz disso um objeto de litígio; o egípcio ignora a civilização dos citas e sequer discute sobre ela.

A verdade da terceira questão pode levantar, porém, discussões tamanhas que, como em outros casos a ignorância costuma ser fonte de litígio, aqui, ao contrário, é a discussão que é causa de ignorância. De fato, aos homens que conduzem a vontade com os olhos da razão muitas vezes acontece isso: impelidos por falazes impulsos, esquecem a luz da razão e depois, como cegos, deixam-se arrastar pela paixão e negam obstinadamente a própria cegueira. Por isso, com bastante frequência acontece que, não somente defendem o erro, mas como ocorre na maioria dos casos, saem de seus limites para invadir o campo dos outros, onde nada entendem, não são compreendidos de forma alguma e, desse modo, acabam por suscitar a ira em alguns, o desprezo em outros e, em muitos, o riso.

Contra a verdade que buscamos erguem-se, portanto, sobretudo três espécies de homens. Antes de tudo, ergue-se o sumo pontífice, vigário de Nosso Senhor Jesus Cristo e sucessor de Pedro, a quem devemos não aquilo que se deve a Cristo, mas aquilo que se deve a Pedro, e que talvez é estimulado pelo zelo das chaves. Devem ser registrados depois os pastores dos rebanhos cristãos, além de outros que provavelmente são movidos somente pelo profundo amor à mãe Igreja. Pois bem, todos estes se opõem à verdade que pretendo demonstrar, impelidos provavelmente, como já disse, pelo zelo e não pela soberba. Há outros, ao contrário, em que a obstinada cobiça lhes tolheu a luz da razão e, enquanto têm por pai o demônio, se dizem filhos da Igreja.

Esses não só provocam disputas em relação à presente questão, mas, ao odiar profundamente a própria expressão "sacratíssimo principado", ousariam negar despudoradamente os princípios que estão na base desta e das questões precedentes. Existem ainda outros, os chamados decretalistas, que, ignorantes e privados de qualquer rudimento de teologia e filosofia – embora as considerem veneráveis – e baseando-se com absoluta confiança, como creio, na autoridade de suas Decretais, desacreditam as prerrogativas do império.

Não há porque maravilhar-se se já tive oportunidade de ouvir um desses afirmar descaradamente que as tradições da Igreja são o fundamento da fé. Removam, portanto, essa desastrada opinião da mente dos mortais aqueles que acreditaram, muito antes que nas tradições da Igreja, no Filho de Deus, Cristo, seja no que há de vir, seja no presente ou ainda naquele crucificado e, crendo, esperaram e, esperando, arderam em caridade e, como firmemente o mundo acredita, ardendo se tornaram seus co-herdeiros[227].

Por isso, a fim de que indivíduos como esses sejam definitivamente excluídos da arena, é necessário ter presente que há uma Escritura constituída antes da Igreja, uma junto com ela e uma depois da Igreja. São anteriores à Igreja o Antigo e o Novo Testamento que foram "estabelecidos para a eternidade", como diz o profeta[228]. Com efeito, é isto que a Igreja diz, falando ao esposo: "Leva-me contigo" [229];

Coexistem certamente com a Igreja aqueles veneráveis concílios principais, dos quais nenhum fiel duvida de que Cristo não tenha participado, porquanto sabemos que ele próprio, no momento de subir aos céus, disse aos discípulos, segundo atesta Mateus: "Eis que estarei convosco todos os dias até a consumação dos séculos" [230]. Contemporâneos da Igreja são também os escritos dos doutores, como Agostinho e outros, cujos frutos não chegaram a divisar ou, em caso afirmativo, não os saborearam minimamente aqueles que duvidam que esses doutores tenham sido auxiliados pelo Espírito Santo.

São realmente posteriores à Igreja as tradições chamadas "Decretais". Embora dignas de veneração por causa da autoridade apostólica, devem ser colocadas sem dúvida depois das fundamentais Escrituras, mesmo porque Cristo recriminou os sacerdotes do contrário. Como lhe perguntassem "Por que teus discípulos transgridem a tradição dos antepassados?" – de fato, negligenciavam lavar as mãos –, Cristo lhes respondeu, segundo atesta Mateus: "E vós, por que transgredis o mandamento de Deus por causa de vossa tradição?' [231]. Dessas palavras decorre de modo bastante evidente que a tradição deve ser posta em segundo lugar.

Se as tradições da Igreja são, portanto, posteriores à Igreja, como foi esclarecido, necessariamente não é a Igreja que recebe autoridade das tradições, mas a Igreja que confere autoridade a elas. Aqueles que contam apenas com as tradições devem ser, como dissemos, exclu-

---

[227] Epístola aos Romanos, 8, 17.
[228] Salmo 110, 9.
[229] Cântico dos Cânticos ou Cantares de Salomão, 1, 3.
[230] Evangelho de Mateus, 28, 20.
[231] Evangelho de Mateus, 15, 2-3.

ídos da arena. É oportuno, de fato, se quisermos atingir a verdade, proceder com a investigação daqueles princípios dos quais emana a autoridade da Igreja.

Por outro lado, se excluímos esses personagens, devemos excluir também aqueles que, cobertos de penas de corvo, se vangloriam como se fossem ovelhas brancas no rebanho do Senhor. Esses são filhos da impiedade porque, para levar a execução de seus crimes, prostituem a mãe, expulsam os irmãos e, enfim, não admitem que alguém os julgue. Para que, pois, preocupar-se com eles, uma vez que, prisioneiros da própria cobiça, não estariam em condições de discernir os mencionados princípios?

Precisamente por causa disso, a discussão a seguir só a levaremos adiante com aqueles que, movidos de certo modo por amor para com a mãe Igreja, ignoram a própria verdade que buscamos. Exatamente com eles, imbuindo-me daquela reverência que um filho piedoso deve ao pai e à mãe e, portanto, piedoso em relação a Cristo, à Igreja, ao pastor e a todos aqueles que professam a religião cristã, dou início ao certame neste livro para a salvação da verdade.

IV

Na verdade, aqueles a quem se dirige a argumentação que se segue, ao afirmarem que a autoridade do império depende da autoridade da Igreja, como o artesão mais humilde depende do arquiteto, se inspiram em múltiplos e variados argumentos extraídos da *Sagrada Escritura* ou em certos atos tanto do sumo pontífice quanto do imperador, mas procuram igualmente conferir a sua argumentação uma aparência de razão.

De fato, afirmam em primeiro lugar, apoiando-se no texto do livro do *Gênesis*, que Deus criou duas grandes luminárias, uma maior e outra menor, uma para presidir o dia e a outra, a noite[232]. Sustentam que essas aludiriam alegoricamente a esses dois regimes, o espiritual e o temporal. Disso deduzem que, como a lua, ou seja, a luminária menor, não possui luz própria, senão enquanto a receber do sol, assim nem o poder temporal tem autoridade senão enquanto a receber do poder espiritual.

Por causa dessas e outras razões deles a serem invalidadas, deve-se ter presente antes de tudo que, como assinala o filósofo em *Confutações Sofísticas*, "a confutação de um argumento corresponde à

---

[232] Gênesis, 1, 16.

manifestação de um erro" [233]. Como o erro pode ser encontrado na matéria como forma de um argumento, acontece que se pode errar de duas maneiras: acatando o falso ou raciocinando de modo errôneo.

Precisamente esses dois erros o filósofo recriminava a Parmênides e Melisso, com estas palavras: "Porque acatam o falso e não usam corretamente o procedimento do silogismo" [234]. Cumpre observar que aceito aqui a palavra "falso" em sentido amplo, também no sentido de "inopinável", porque, em matéria de argumento a provar, tem a mesma natureza do "falso". Se, na verdade, o erro reside na forma, a conclusão, da parte de quem pretende refutar, deve ser negada demonstrado que as regras silogísticas não foram respeitadas. Se, ao contrário, o erro está na matéria, isso ocorreu porque o falso foi acolhido "simplesmente" ou "parcialmente". Se "simplesmente", deve-se refutá-lo, eliminando-o completamente; se "parcialmente", deve-se proceder por distinção.

Visto isso, para a melhor evidência desta e das demais soluções apresentadas mais adiante, deve-se ter presente que existe a possibilidade de errar de duas maneiras em relação ao sentido místico: procurando-o onde não está ou acatando-o de modo diverso ao devido. Para o primeiro caso, Agostinho escreve em *Cidade de Deus*: "Nem todos os acontecimentos que são narrados devem ser tomados, por essa razão, como portadores de significação particular, mas é precisamente por causa daqueles que significam alguma coisa que se acrescentam outros de nenhuma relevância particular. A terra é rasgada somente pela pá do arado, mas para que isso possa ocorrer são necessárias também as outras peças do arado" [235].

Sobre o segundo modo de errar, o mesmo autor diz em *Doutrina Cristã*, na passagem em que fala daquele que pretende vislumbrar nas Escrituras outro significado que não o proposto pelo escritor: "Era, desse modo, como aquele que deixa a estrada principal e, enveredando por um caminho sinuoso, chega ao mesmo ponto que aquela estrada conduzia". E acrescenta: "Deve-se demonstrar a ele que o costume de desviar-se do caminho o obrigará a seguir por atalhos ou por vias perversas." Depois indica a razão pela qual se deve evitar isso,

---

[233] Aristóteles, Confutações Sofísticas, 18, 176.
[234] Aristóteles, Física, I, 3.
[235] Aurelius Augustinus (354-430), De Civitate Dei, XVI, 2.

a propósito das Escrituras: "A fé titubeia, se vacila a autoridade das divinas Escrituras" [236].

De minha parte, digo que, se esses erros provêm da ignorância, é necessário corrigi-los e depois perdoar o autor deles, como se deveria perdoar aquele que tivesse medo de um leão nas nuvens. Se, ao contrário, são cometidos propositadamente, seus autores devem ser tratados como se faz com os tiranos que não se conformam com as leis públicas em vista da utilidade geral, mas tentam, em vez disso, dobrá-las aos próprios interesses. Crime supremo, mesmo se cometido em sonho, é este de abusar da intenção do Espírito eterno! De fato, não se peca contra Moisés, contra Davi, contra Jó, contra Mateus ou contra Paulo, mas contra o Espírito Santo que neles fala. Com efeito, embora sejam numerosos os escritores da palavra divina, aquele que dita é um só, Deus, que se dignou manifestar-nos seu beneplácito por meio da caneta de muitos.

Depois de assinalar essas coisas, retomo aquilo a que me referia há pouco e refuto a afirmação, segundo a qual as duas luminárias mencionadas representam simbolicamente os dois poderes. Precisamente nesta afirmação reside toda a força do argumento. Pode-se demonstrar de duas maneiras que esse significado é de todo insustentável.

Primeiro, porque, sendo esses dois poderes acidentes em relação ao próprio homem, pareceria que Deus tivesse predisposto uma ordem natural perversa, ao produzir os acidentes antes do próprio sujeito, e dizer isso de Deus é absurdo. De fato, as duas luminárias foram criadas no quarto dia e o homem no sexto, como demonstra a Escritura[237]. Além disso, posto que esses poderes dirijam o homem para determinados fins, como se verá adiante, se o homem tivesse permanecido no estado de inocência em que Deus o criou, não teria tido necessidade de semelhantes guias. De fato, esses poderes constituem o remédio contra a enfermidade do pecado.

Como, portanto, no quarto dia o homem não somente não era pecador, mas simplesmente o homem ainda não existia, criar remédios teria sido de todo inútil, o que é contrário à bondade divina. Estulto seria aquele médico que preparasse um curativo para o futuro

---

[236] Aurelius Augustinus (354-430), De Doctrina Christiana, I, 36-37.

[237] Gênesis, I, 19 e 31.

ferimento de um homem que ainda não tivesse nascido. Não se deve afirmar, portanto, que Deus criou esses dois poderes no quarto dia e, por conseguinte, a intenção de Moisés não pode ter sido aquela que alguns imaginam.

Que assim tivesse ocorrido, tolerando a mentira, esse argumento pode ser negado por meio de uma distinção e então uma demonstração desse tipo se apresenta mais benévola para o adversário porque, em tal caso, este não é tratado como mentiroso absoluto, como poderia parecer com uma confutação absoluta. Afirmo, portanto, que embora a lua possua em abundância somente a luz que recebe do sol, disso não decorre que ela tenha, de per si, sua causa no sol. Por isso é necessário saber que uma coisa é a existência da lua, outra seu poder e outra, sua atuação. Quanto à existência, a lua não depende de modo algum do sol, nem quanto a seu poder, e outro tanto deve-se dizer em sentido próprio em relação a sua atuação, porquanto seu movimento deriva de próprio motor e a influência que exerce provém de seus próprios raios. Com efeito, é dotada de certa luz própria, como se pode notar em seus eclipses. Entretanto, para poder operar melhor e com mais força, ela recebe alguma coisa do sol, ou seja, luz em abundância.

Afirmo, portanto, que o poder temporal não recebe do poder espiritual sua existência, nem o poder, que é sua autoridade, nem mesmo sua atuação pura e simples. Recebe, sim, do poder espiritual influência para poder agir com maior eficácia mediante a luz da graça que Deus, no céu, e a bênção do sumo pontífice, na terra, lhe infundem.

Definitivamente, o argumento mencionado anteriormente pecava na forma, porquanto o predicado da conclusão não coincide com o termo extremo da premissa maior, como aparece claramente. De fato, procede da seguinte forma: a lua recebe a luz do sol que é o poder espiritual; o poder temporal é a lua; logo, o poder temporal recebe autoridade do poder espiritual. Desse modo, no termo extremo da premissa maior coloca-se a palavra "luz" e, no predicado da conclusão, a palavra "autoridade", que são coisas diversas em relação ao sujeito e ao argumento, como já vimos.

V

Eles tiram também um argumento do texto de Moisés, dizendo que da geração de Jacó saiu a prefiguração desses dois poderes, na pessoa de Levi e de Judá[238], sendo que o primeiro foi o pai do poder sacerdotal e o outro, do poder temporal. Considerando isso, argumentam desse modo: Levi está para Judá como a Igreja está para o império. Ora, Levi precedeu Judá no nascimento, como é demonstrado pelas Escrituras; logo, a Igreja precede o Império na autoridade.

Ora, tudo isso se resolve facilmente. De fato, quando afirmam que Levi e Judá, filhos de Jacó, prefiguram esses poderes, poderia confutar a afirmação simplesmente negando-a, mas vamos admiti-la. Quando argumentam "como Levi precede no nascimento, assim precede a Igreja na autoridade", afirmam uma vez mais que um é o predicado da conclusão e outro é o termo extremo da premissa maior. De fato, a palavra "autoridade" é coisa diversa da palavra "nascimento", tanto no que diz respeito ao sujeito quanto ao significado.

Por conseguinte, comete-se um erro do ponto de vista formal e o procedimento do silogismo é semelhante a este: A precede B em C; D e E estão entre si como A e B; logo, D precede E em F, mas F e C, como é evidente, são diversos entre si. Além disso, se insistissem em dizer que F é consequência de C, isto é, que a autoridade é consequência do nascimento e que, portanto, o consequente pode legitimamente substituir o antecedente, como dizer animal em lugar de homem, afirmo que isto é falso.

Com efeito, são muitos aqueles mais idosos que, não somente não precedem por autoridade, mas são antes precedidos pelos mais jovens, o que se pode constatar, por exemplo, quando os bispos são mais jovens que seus sacerdotes. Assim pode-se ter como errada também essa objeção, baseada sobre o princípio da "inexistência de causa como causa".

VI

Do texto do primeiro *Livro dos Reis* selecionam, além disso, o episódio relativo à investidura e à destituição de Saul, dizendo que

---

[238] Gênesis, 29, 34-35.

este foi posto no trono e depois deposto por Samuel, que agia na qualidade de representante de Deus, respeitando seus preceitos, segundo se constata com evidência nas Escrituras[239].

A respeito desse fato argumentam que, assim como esse representante de Deus teve na época a autoridade de conferir e de retirar o poder temporal e de transferi-lo a outro, assim também agora o representante de Deus, bispo da Igreja universal, tem autoridade para atribuir e retirar, bem como para transferir, o cetro do poder temporal. Disso, como afirmam, decorreria sem dúvida que a autoridade do império é dependente.

Contra a opinião deles, no entanto, deve-se negar que Samuel fosse o representante de Deus, uma vez que não agiu nessa qualidade, mas como legado especial com determinado encargo, isto é, como mensageiro que levava uma ordem expressa de Deus. Isso é evidente porque executou e referiu somente aquilo que o Senhor havia ordenado.

Deve-se saber, portanto, que uma coisa é ser representante e outra é ser mensageiro ou ministro, assim como uma coisa é ser doutor e outra, ser intérprete[240]. De fato, representante é aquele ao qual é conferido um poder de jurisdição regulado por lei ou segundo o arbítrio; por isso, dentro dos limites dessas prerrogativas conferidas, pode intervir em situações que seu senhor desconhece totalmente. O enviado, contudo, não o pode enquanto enviado; como o martelo só age pela força do ferreiro, assim o enviado age exclusivamente segundo o arbítrio daquele que o envia. Disso não decorre, portanto, que, aquilo que Deus fez por meio de seu mensageiro Samuel, possa fazê-lo o representante de Deus.

Com efeito, por meio dos anjos Deus realiza, realizou e realizará muitas obras que o representante de Deus, sucessor de Pedro, não poderia fazer. Por isso a argumentação deles procede "do todo para

---

[239] Primeiro Livro de Samuel, 10, 1; 15, 23-28. No texto de Dante consta Primeiro Livro dos Reis, pois por muito tempo persistiu a designação de quatro livros dos Reis na Bíblia; hoje, prefere-se designar os dois primeiros livros dos Reis dessa divisão como Primeiro e Segundo Livro de Samuel; em decorrência o terceiro e o quarto livro dos Reis passam a figurar como Primeiro e Segundo Livro dos Reis.

[240] Dante usa o termo ministro com o sentido de executor. O vocábulo latino minister deriva de minus, menos, como magister, mestre, deriva de magis, mais. Usando doctor, doutor, como sinônimo de magister, mestre, Dante estabelece a dupla contraposição representante – ministro e doutor – intérprete (mensageiro).

a parte" e se estrutura deste modo: "o homem pode ver e ouvir"; logo, "o olho pode e ver e ouvir". Assim, o raciocínio não se sustenta; poderia sustentar-se, se fosse enunciado de forma negativa: "o homem não pode voar; logo, os braços do homem também não podem voar". Seria ainda admissível um silogismo formulado dessa maneira:"Deus não pode, por meio de um mensageiro, tornar ingenerado aquilo que foi gerado, conforme a sentença de Agatão[241]; logo, nem seu representante o pode fazer."

VII

Além disso, extraem do texto de Mateus o episódio da oferta dos Magos e afirmam que Cristo recebeu a um tempo incenso e ouro[242], significando que ele era senhor e governador dos bens espirituais e temporais. Disso inferem que o representante de Cristo é senhor e governador dos mesmos e que, em decorrência, tem autoridade sobre os dois.

Respondendo a isso, aceito o texto literal e o sentido dado às palavras de Mateus, mas nego aquilo que se empenham em inferir. Formulam, com efeito, o seguinte silogismo: "Deus é senhor dos bens espirituais e temporais; o sumo pontífice é representante de Deus: logo, o sumo pontífice é senhor dos bens espirituais e temporais." Se, por um lado, as duas premissas são verdadeiras, o termo médio varia e o argumento resulta articulado em quatro termos, pelos quais a forma silogística não se sustenta, como é demonstrado nos tratados gerais do silogismo.

Com efeito, uma coisa é "Deus", que constitui o sujeito da premissa maior e outra é "representante de Deus", que constitui o predicado da premissa menor. Se alguém objetasse contrapondo a equivalência da função de "representante", tratar-se-ia de objeção inútil, porquanto nenhuma forma de representação, divina ou humana, pode equiparar-se à autoridade principal, o que é transparente. De fato, sabemos que o sucessor de Pedro não se iguala em poder à autoridade divina, pelo menos nas operações que se relacionam com

---

[241] Agatão (séc. V a.C.) foi escritor de tragédias; a sentença constante no texto encontra-se no livro Ética a Nicômaco, VI, 2, de Aristóteles.

[242] Evangelho de Mateus, 2, 1-12.

a natureza; não estaria em condições, portanto, de fazer a terra subir ou de fazer o fogo descer, em virtude das funções que lhe foram confiadas. Por outro lado, aliás, nem Deus poderia confiar-lhe todos os poderes, porquanto não poderia de maneira alguma confiar-lhe, por exemplo, o poder de criar e, de igual modo, o de batizar, como é nitidamente provado, não obstante o mestre tenha dito o contrário no quarto livro das *Sentenças*[243].

Sabemos também que o representante de homem não equivale a este, exatamente porque é representante, porquanto ninguém pode dar o que não lhe pertence. A autoridade principal pertence ao príncipe exclusivamente em vista de sua atuação, enquanto nenhum príncipe pode conferir autoridade a si mesmo; pode, no entanto, recebê-la e renunciar a ela, mas não pode criar outro príncipe porque a criação de um príncipe não depende do príncipe. Ora, se as coisas assim são postas, é evidente que nenhum príncipe pode substituir a si mesmo por um representante que seja igual a ele em tudo; a objeção, portanto, não possui qualquer eficácia.

VIII

De modo semelhante, tiram ainda outro argumento da passagem em que o próprio Cristo diz a Pedro: "Tudo o que ligares na terra será ligado no céu e tudo o que desligares na terra será desligado no céu." Que essas palavras tivessem sido dirigidas igualmente a todos os apóstolos, tiram-no do texto de Mateus como também daquele de João[244]. Deduzem disso, portanto, que o sucessor de Pedro pode, por concessão divina, ligar e desligar tudo e que, em decorrência, pode ab-rogar leis e decretos do império e também promulgar leis de decretos em lugar do poder temporal. Suas afirmações, por conseguinte, deveriam ser plausíveis.

Ao responder, cumpre fazer uma distinção em relação à premissa maior de seu silogismo, que é formulado dessa maneira: "Pedro pôde desligar e ligar todas as coisas: o sucessor de Pedro

---

[243] Libri Quattuor Sententiarum, IV, 5, 3 de Pietro Lombardo (séc. XII). Este escritor tornou-se conhecido como "Mestre das sentenças" e neste seu livro expunha a doutrina cristã de modo sistemático por meio de sentenças; a obra teve enorme difusão no período medieval.

[244] Evangelho de Mateus, 16, 19 e 18, 18: Evangelho de João, 20, 23.

pode fazer tudo aquilo que Pedro teve o poder de fazer; logo, o sucessor de Pedro pode desligar e ligar todas as coisas". Disso inferem que também este último pode "desligar" e "ligar" a autoridade e os decretos do império.

Se admito, porém, a premissa menor, não aceito a maior sem uma distinção. Por isso afirmo que o termo universal "tudo", contido em "todas as coisas", nunca se estende para além do âmbito do vocábulo a que se refere. Com efeito, se digo "todo animal corre", a palavra "todo" se refere aos seres que o gênero animal encerra. Se digo "todo homem corre", neste caso o termo se refere exclusivamente aos indivíduos distinguidos pelo termo "homem". Quando digo "todo gramático", seu âmbito é ainda mais restrito.

Deve-se, portanto, saber sempre a que coisa se refere o citado vocábulo. Depois, uma vez conhecidos natureza e âmbito da palavra à qual se une, aparece facilmente quanto o vocábulo possa se estender. A propósito, pois, da expressão "tudo quanto ligares", se a locução "tudo quanto" é tomada num sentido absoluto, seria verdadeiro o que eles afirmam; e o papa não somente poderia fazer isso, mas poderia até desvincular a mulher do marido e ligá-la a outro, ainda que vivo o primeiro, coisas que no entanto não pode fazer de modo algum. Poderia inclusive absolver-me sem que me arrependesse; e isso nem o próprio Deus o poderia.

Sendo assim, torna-se evidente que a referência ativada por "tudo quanto" não deve ser tomada num sentido absoluto, mas relativo. Que seja relativa, parece evidente, se tivermos presente seu campo de aplicação no caso específico.

De fato, Cristo diz a Pedro: "Eu te darei as chaves do reino dos céus", isto é "Farei de ti o porteiro do reino dos céus". Depois acrescenta "e tudo quanto", isto é, "todas as coisas que", no sentido de "poderás desligar e ligar todas as coisas que se incluem nesse ofício". Desse modo, o termo universal contido na expressão "tudo quanto" é restringido, em sua referência, pela função específica de guarda do reino dos céus. Admitindo isto, a premissa maior é verdadeira, mas não o é em sentido absoluto, como parece evidente.

Afirmo, portanto, que embora o sucessor de Pedro possa "desligar" e "ligar", conforme a exigência do ofício confiado ao próprio Pedro, disso não decorre que possa "desligar" ou "ligar" decretos e leis do império, como esses andam dizendo, a não ser que se prove ulteriormente que essa tarefa compete a quem tem a guarda das chaves; o contrário disso será demonstrado mais adiante.

IX

Tomam ainda aquela passagem de Lucas, em que Pedro disse a Cristo: "Aqui estão duas espadas" [245]; e afirmam que nas duas espadas estão representados os dois poderes mencionados que, como havia dito Pedro, estavam ali onde ele estava, isto é, lhe pertenciam. Disso deduzem que os dois poderes, no que diz respeito à autoridade, persistem no sucessor de Pedro.

A tudo isso, porém, é preciso responder confutando a interpretação sobre a qual baseiam seu argumento. Sustentam, pois, que as duas espadas indicadas por Pedro aludem aos dois poderes, o que deve ser negado de modo absoluto, seja porque a resposta não se poderia adequar à intenção de Cristo, seja porque Pedro, segundo seu costume, respondeu apressadamente, atento somente à superfície dos fatos.

Que a resposta, porém, extrapolasse a intenção de Cristo, parecerá claramente se forem consideradas as palavras precedentes e a causa delas. Deve-se saber, no tocante a isso, que essa frase foi proferida no dia da ceia, como atesta anteriormente Lucas, cujo relato começa assim: "Chegou o dia dos ázimos, durante o qual era necessário imolar o cordeiro pascal" [246]. Durante a ceia, Cristo havia anunciado que sua paixão era iminente e que, portanto, deveria separar-se de seus discípulos.

Além disso, deve-se relembrar que, no momento em que essas palavras foram proferidas, encontravam-se presentes os doze discípulos. Feita essa observação, Lucas acrescenta: "Quando chegou a hora, pôs-se à mesa e, com ele, os doze apóstolos" [247]; depois de longo colóquio, Cristo chegou a dizer estas palavras: "Quando vos enviei sem sacola, sem bolsa e sem calçado, por acaso vos faltou algumas coisa? Eles responderam: Nada. Então ele continuou: Agora,

---

[245] Evangelho de Lucas, 22, 38.
[246] Evangelho de Lucas, 22, 7.
[247] Evangelho de Lucas, 22, 14.

porém, aquele que tem uma sacola, apanhe-a, bem como aquele que tem uma bolsa; aquele que não a tiver, que venda a túnica e compre uma espada" [248].

Nessas palavras transparece com bastante evidência a intenção de Cristo. De fato, não disse "comprai ou providenciai duas espadas", mas doze, porquanto a frase "quem não a tiver, que a compre" dizia respeito aos doze, a fim de que cada um tivesse a sua. Entretanto, dizia isso para adverti-los sobre a perseguição e o desprezo que no futuro haveriam de sofrer, como se lhes dissesse: "Enquanto estive convosco, eu vos concedia proteção; agora sereis rejeitados. Por isso devereis providenciar por vossa conta os meios necessários e que eu, em certa época, vos proibi".

Se a resposta de Pedro, que é coerente com essas palavras, tivesse o significado que querem atribuir-lhe, não estaria de acordo com a intenção de Cristo, mas este o teria repreendido como já havia feito reiteradas vezes, quando lhe dava respostas impensadas. Isso não acontece, mas ao contrário Cristo aquiesceu e disse: "É suficiente", como se dissesse: "Refiro-me à necessidade; portanto, se alguém dentre vós não pode tê-la, duas serão suficientes".

Por outro lado, que Pedro tivesse o costume de falar imponderadamente, comprova-se por sua súbita e irrefletida impulsividade a que impelia não somente a sinceridade de sua fé, mas, como o creio, a pureza e simplicidade de seu temperamento. Todos os evangelistas atestam essa característica dele. De fato, Mateus escreve que, ao perguntar Jesus aos discípulos "Quem dizeis que eu sou?", Pedro, antes de todos, respondeu: "Tu és Cristo, filho do Deus vivo" [249]. Escreve ainda que, quando Cristo disse aos discípulos que era necessário para ele ir a Jerusalém e padecer muitos sofrimentos, Pedro o enfrentou e começou a recriminá-lo, dizendo: "Nada disso, Senhor! Isso não vai acontecer". Cristo, porém, voltando-se para ele, disse: "Afasta-te de mim satanás" [250].

Escreve ainda que no monte da transfiguração, na presença de Cristo, de Moisés, de Elias e dos dois filhos de Zebedeu, Pedro disse: "Senhor, é bom estarmos aqui; se quiseres, vamos

---

[248] Evangelho de Lucas, 22, 35-36.
[249] Evangelho de Lucas, 16, 15-16.
[250] Evangelho de Lucas, 16, 21-23.

levantar três tendas, uma para ti, outra para Moisés e outra para Elias"[251]. Uma vez mais escreve que, estando os discípulos num barco durante a noite e caminhando Cristo sobre as águas, Pedro disse: "Senhor, se és tu, manda que eu chegue a ti, andando sobre as águas" [252]. De igual modo escreve que, quando Cristo anunciava que serviria de escândalo para os discípulos, Pedro respondeu: "Ainda que todos se escandalizassem por tua causa, eu nunca me escandalizaria" [253]. E pouco depois: "Mesmo que fosse necessário morrer contigo, eu não te renegaria." Marcos confirma o fato[254].

Por sua parte, Lucas escreve que Pedro disse a Cristo, pouco antes das palavras sobre as espadas: "Senhor, estou preparado para enfrentar contigo a prisão e a morte" [255]. Por sua vez, João conta que, quando Cristo queria lavar os pés dos discípulos, Pedro protestou: "Senhor, tu me lavas os pés?" E logo a seguir: "Jamais me lavarás os pés!" [256] João relata também que foi Pedro que feriu com a espada o servo do sumo sacerdote e sobre isso concordam os quatro evangelistas[257]. Ainda segundo João, sabemos que, chegando ao sepulcro e vendo que o outro estava hesitante junto da entrada, Pedro entrou logo que chegou[258]. Novamente João é que relata que, estando Jesus na margem do logo após a ressurreição, "quando Pedro ouviu dizer 'É o Senhor!', vestiu a túnica, pois estava nu, e atirou-se ao mar" [259]. Por fim, narra que, quando Pedro viu João, perguntou Jesus: "Senhor, que será feito deste?" [260].

Certamente foi útil mencionar todos esses fatos a respeito de nosso arquimandrita, em louvor de sua pureza. Deles se depreende

---

[251] Evangelho de Lucas, 17, 3-4.
[252] Evangelho de Lucas, 14, 25-28.
[253] Evangelho de Mateus, 26, 33-34.
[254] Evangelho de Mateus, 26, 35; Evangelho de Marcos 14, 29-31.
[255] Evangelho de Lucas, 22, 35-36.
[256] Evangelho de João, 13, 6-8.
[257] Evangelho de João, 18, 10-11; Evangelho de Mateus, 26, 51-52; Evangelho de Marcos, 14, 47; Evangelho de Lucas, 22, 50-52.
[258] Evangelho de João, 20, 4-6.
[259] Evangelho de João, 21, 7.
[260] Evangelho de João, 21, 21.

claramente que, ao falar das duas espadas, se dirigia a Cristo com singela intenção. Por outro lado, se as palavras de Cristo e Pedro devem ser interpretadas em sentido simbólico, não devem ser contudo distorcidas no sentido pretendido por eles, mas devem ser antes tomadas no sentido que Mateus atribui à espada nesta passagem: "Não julgueis que vim trazer a paz à terra. Não vim trazer a paz, mas a espada. Vim separar o homem do pai", etc. [261]. Isso acontece tanto com as palavras como com as obras. Por essa razão, Lucas dizia a Teófilo: "O que Jesus começou a fazer e a ensinar" [262]. Essa era a espada que Cristo mandava comprar e que Pedro informava que tinha duas delas e que estavam com eles. Com efeito, todos os discípulos estavam preparados para, com as palavras e a ação, executar o que Cristo dizia que viera fazer por meio da espada, como foi dito.

X

Alguns dizem ainda que o imperador Constantino, curado da lepra pela intercessão de Silvestre, então sumo pontífice, doou à Igreja a capital do império, Roma, e muitos outros privilégios imperiais. Disso deduzem, portanto, que ninguém pode receber esses privilégios, se não os receber da Igreja, porquanto, assim afirmam, pertencem à Igreja. Disso derivaria claramente que uma autoridade é subordinada à outra, como eles próprios querem.

Apresentamos e respondemos aos argumentos que mostram ter raízes nas palavras divinas. Resta apresentar e resolver aqueles que se baseiam nas ações e na razão humanas. Entre esses, cumpre ressaltar em primeiro lugar o seguinte silogismo, baseado na afirmação citada: "Os bens que pertencem à Igreja, ninguém pode legitimamente possuí-los, se não os receber da própria Igreja – e isto pode ser concedido; o império romano pertence à Igreja; logo, ninguém pode tê-lo de direito, se não por meio da própria Igreja." Demonstram a premissa menor com o episódio de Constantino, assinalado há pouco.

Essa premissa menor, porém, eu a nego e, como tentam comprovar sua validade, afirmo que essa prova é totalmente nula, por-

---

[261] Evangelho de Mateus, 10, 34-35.
[262] Atos dos Apóstolos, 1, 1.

quanto Constantino não podia alienar as prerrogativas do império, nem a Igreja podia recebê-las. Visto que insistem obstinadamente, posso demonstrar o que afirmo da seguinte maneira: a ninguém é permitido, valendo-se do encargo que lhe foi atribuído, realizar todas aquelas ações que são contrárias ao próprio encargo, caso contrário, uma determinada função se contradiria a si própria, o que é impossível. Ora, é coisa contrária ao encargo confiado ao imperador a cisão do império, porquanto é dever do monarca manter o gênero humano submisso ao querer positivo e ao querer negativo de um só, como se pode verificar facilmente no primeiro livro deste tratado. Não é, portanto, lícito ao imperador dividir o império.

Se, portanto, como dizem, Constantino tivesse alienado algumas dignidades do império e tivessem sido transferidas em poder da Igreja, teria sido rasgada a túnica inconsútil que sequer haviam ousado cindir aqueles que traspassaram com uma lança Cristo, verdadeiro Deus[263]. Além disso, como a Igreja tem seu próprio fundamento, assim também o império tem o seu. O fundamento da Igreja é Cristo. Por isso o Apóstolo diz aos coríntios: "Ninguém pode pôr outro fundamento senão aquele que já foi posto, e esse é Jesus Cristo" [264]. Cristo é a pedra sobre a qual foi edificada a Igreja.

Por outro lado, o fundamento do império é o direito humano. Pois bem, afirmo que, como não é permitido à Igreja opor-se a seu fundamento, mas deve sempre apoiar-se sobre ele, refletindo estas palavras dos *Cânticos* "Quem é essa que sobe do deserto, rica em delícias, apoiada em seu bem-amado?" [265], assim também não é permitido ao império realizar coisas contrárias ao direito humano.

Por outro lado, o império procederia contra o direito humano se se destruísse a si próprio; portanto, não é lícito que o império procure destruir-se a si próprio. Como, portanto, cindir o império seria destruí-lo, uma vez que o império consiste precisamente na unidade da monarquia universal, esta ação não é permitida àquele que encarna a autoridade do império. Em conclusão, é evidente, de acordo com tudo o que foi dito, que destruir o império é algo contrário ao direito humano.

---

[263] Evangelho de João, 19, 23-24.
[264] Primeira Epístola aos Coríntios, 3, 11.
[265] Cântico dos Cânticos ou Cantares de Salomão, 8, 5.

Além disso, toda jurisdição tem prioridade sobre o juiz. De fato, o juiz é instituído em função da jurisdição e não o contrário. Por outro lado, o império é a jurisdição que compreende em seu âmbito toda a jurisdição temporal; portanto, ela precede seu juiz, representado pelo imperador, porquanto o imperador é constituído em relação a ela e não o contrário. Disso se depreende que o imperador não pode alienar essa jurisdição, precisamente enquanto imperador, uma vez que dela deriva aquilo que ele é. Afirmo, portanto, que Constantino era imperador quando, como se narra, fez doação à Igreja, ou não o era. Se não o era, é de todo evidente que nada do império poderia transferir. Se o era, representando essa doação uma diminuição da jurisdição do império, não podia fazê-lo, precisamente porque era imperador. Além do que, se um imperador pudesse alienar uma parcela da jurisdição do império, também outro, com o mesmo direito, poderia fazê-lo. Como, porém, a jurisdição temporal é limitada e como todo elemento limitado é destruído por meio de um número definido de sucessivas divisões, segue-se que a primeira jurisdição poderia ser aniquilada, o que não é razoável.

E ainda, aquele que confere se configura como agente e aquele que recebe como paciente, segundo a opinião do filósofo no livro quarto da *Ética a Nicômaco*[266]; portanto, para que a concessão seja lícita, não se requer apenas a disposição daquele que outorga, mas também daquele que recebe. De fato, parece que o ato do agente se encontre no paciente, conquanto esteja disposto a recebê-lo. Ora, a Igreja não está habilitada a receber bens temporais por causa de um expresso preceito proibitivo, porquanto em Mateus temos estas palavras: "Não havereis de possuir nem ouro, nem prata, nem dinheiro em vossos cintos, nem sacola durante a viagem", etc. [267]. De fato, embora se encontre em Lucas um abrandamento na proibição de possuir[268], não consegui entretanto descobrir se a Igreja, depois dessa proibição, tenha sido autorizada a possuir ouro e prata.

Por essa razão, se a Igreja não estava em condições de receber, admitindo-se que Constantino tivesse podido conceder por sua parte, o ato contudo se tornava impossível por falta de idoneidade do paciente. Torna-se óbvio, portanto, que nem a Igreja podia receber o

---

[266] Aristóteles, Ética a Nicômaco, IV, 1.
[267] Evangelho de Mateus, 10, 9-10.
[268] Evangelho de Lucas, 22, 35-36.

título de propriedade, nem o imperador tinha o poder de transmitir nas formas de alienação. Não obstante isso, o imperador podia destinar o patrimônio e outros bens sob a tutela da Igreja, uma vez que permanecesse intacto o supremo domínio, cuja unidade não tolera divisões. Por sua parte, também o representante de Deus podia receber, embora não em qualidade de possuidor, mas como dispensador dos frutos em favor dos pobres de Cristo e como representante da Igreja; aquilo que, como é sabido, fizeram os apóstolos[269].

Afirmam ainda que o Papa Adriano chamou Carlos Magno em seu auxílio e em auxílio da Igreja por causa da injúria dos longobardos, na época de seu rei, Desidério, e também que Carlos recebeu do papa a dignidade imperial, embora Miguel fosse imperador em Constantinopla. Afirmam, por isso, que todos os sucessivos imperadores dos romanos depois de Carlos Magno são defensores da Igreja e devem assim ser definidos pela própria Igreja; desse modo, resultaria também aquela dependência que eles defendem[270].

Para anular tudo isso, afirmo que o argumento não possui qualquer valor. De fato, a usurpação de um direito não constitui direito. Se não fosse assim, de igual modo se poderia provar que a autoridade da Igreja é subordinada à do imperador, depois que o imperador Otão reintegrou Leão no cargo de Papa e depôs Benedito que, além do mais, o exilou na Saxônia[271].

XI

Com os argumentos racionais eles procedem, na realidade, como segue. Baseando-se no princípio expresso no livro décimo da *Primeira Filosofia*, afirmam: todas as coisas que pertencem a um mesmo gênero se reduzem a uma só que constitui a

---

[269] Atos dos Apóstolos, 4, 34-35.

[270] Trata-se da transferência do poder ou do império dos gregos para os germânicos, uma vez que o papa Adriano I convocou os francos sob o comando de Carlos Magno que derrotaram os longobardos de Desidério em Pavia, no ano 774. Com isso, se pretendia que o poder imperial era subtraído dos gregos para passar aos germânicos. Dante é inexato em suas observações, porquanto o papa da época era Leão III e em Constantinopla reinava Irene e não Miguel.

[271] Leão VIII foi deposto por João XII, a quem sucedeu Benedito V. O imperador Otão I recolocou o Papa Leão na cátedra pontifícia, depondo Benedito V e exilando-o na Saxônia, fatos que ocorreram no ano 964.

medida de todas as coisas que estão sob esse gênero[272]; ora, todos os homens pertencem a um mesmo gênero; logo, devem reduzir-se a um só, como medida de todos eles.

Como o sumo pontífice e o imperador são homens, se essa conclusão é verdadeira, devem ser necessariamente reduzidos a um só homem. Como, porém, o papa não pode ser reduzido a outro, conclui-se que o imperador, juntamente com todos os outros homens, deve ser reduzido ao papa, como medida e regra. E mais uma vez, portanto, tiram a conclusão que querem.

Para responder a este raciocínio, admito que dizem a verdade quando afirmam: "As coisas que pertencem a um mesmo gênero devem necessariamente reduzir-se a uma só do mesmo gênero que constitui a medida no âmbito daquele gênero". Dizem ainda a verdade quando afirmam que todos os homens pertencem a um mesmo gênero e também chegam a uma conclusão verdadeira quando, por meio dessas premissas, inferem que todos os homens devem referir-se a uma só medida, comum ao gênero que lhes é próprio. Quando porém, aplicam os princípios desta conclusão ao papa e ao imperador erram em termos "de acidente".

Para esclarecer esta questão, é necessário saber que ser homem é uma coisa e ser papa é outra. De igual modo, uma coisa é ser homem e outra ser imperador, da mesma maneira que ser homem se diferencia de ser pai e senhor. Com efeito, o homem é aquilo que é por forma substancial, pela qual pertence a um determinado gênero e a uma espécie e pela qual entra na categoria da substância. O pai, por seu lado, é aquilo que é em virtude da forma acidental que consiste numa relação, pela qual é atribuído a uma determinada espécie e a um gênero e entra na categoria "em relação a", ou seja, na categoria "de relação". Caso contrário, todas as coisas poderiam ser reduzidas à categoria da substância, porquanto nenhuma forma acidental subsiste por si, sem a hipóstase da substância subsistente, o que é falso.

O papa e o imperador, portanto, são aquilo que são graças a determinadas relações, isto é, graças ao papado e ao império, que entram respectivamente no âmbito da relação, uma de paternidade e outra, de domínio. Torna-se evidente, portanto, que o papa e o impe-

---

[272] Aristóteles, Metafísica, X, 1. Este tratado aristotélico costumava ser chamado, durante a Idade Média, de Prima Philosophia ou também De Simpliciter Ente.

rador, como tais, devem ser reconduzidos à categoria da relação e, por conseguinte, reconduzidos a alguma coisa que entre nessa categoria. Por isso sustento que uma é a medida a que devem ser reduzidos, enquanto homens, e outra aquela a que devem ser reduzidos, enquanto papa e imperador. De fato, como homens devem ser reduzidos ao homem perfeito, que é a medida de todos os outros e, por assim dizer, seu modelo – qualquer que ele seja –, isto é, devem ser reduzidos àquele que encarna a perfeita unidade em seu gênero, como se pode verificar nas últimas passagens de *Ética a Nicômaco*[273].

Enquanto são termos que exprimem uma relação, como está claro, ou devem ser reduzidos um ao outro (se um está subordinado ao outro ou se estão em relação entre si na espécie, pelo tipo de relação), ou devem ser reduzidos a um terceiro que represente a unidade comum de medida. Ora, não se pode dizer que um esteja subordinado ao outro porque, em tal caso, um deveria ser o predicado do outro, o que é falso. Com efeito, não dizemos que "o imperador é papa", nem vice-versa. Nem se pode dizer que estejam em relação entre eles na espécie, porque uma é a função do papa e outra a do imperador, precisamente por causa de sua especificidade. Logo, devem ser reduzidos a um ser diferente, no qual possam encontrar sua unidade.

Para isso é necessário saber que, como a relação se coloca em relação à relação, assim também o termo de relação se confronta com outro termo de relação. Se, portanto, papa e império, enquanto relações de autoridade, devem ser reduzidos ao princípio de autoridade de que derivam com suas características específicas, papa e imperador, enquanto termos de relação, devem ser reduzidos a uma determinada unidade em que se possa encontrar o mesmo princípio, sem outras características. Esta unidade, ou é o próprio Deus, em quem se encontram reunidos todos os princípios, ou é alguma substância inferior a Deus, na qual o princípio de autoridade, derivando e diferenciando-se daquele absoluto, se torne distinto e seja individuado. Desse modo, é evidente que papa e imperador, enquanto homens, são reduzidos a uma determinada unidade e, enquanto especificamente papa e imperador, são reduzidos a uma diversa. Com isso se responde de maneira irrefutável.

---

[273] Aristóteles, Ética a Nicômaco, X, 5 e X, 9 (talvez; passagem difícil de identificar).

XII

Expostos e rejeitados os erros sobre quais se baseiam sobremodo aqueles que afirmam que a autoridade do principado romano depende da autoridade do pontífice romano, é necessário voltar a demonstrar a verdade relativa a esta terceira questão, proposta para discussão desde o início. Essa verdade deverá emergir de modo suficiente se demonstrar, argumentando à luz do princípio prefixado, que a mencionada autoridade imperial deriva imediatamente do vértice de todos os seres, isto é, Deus. Isto será demonstrado de duas maneiras: negando a autoridade da Igreja sobre a autoridade imperial – de fato, não há contestação a propósito de outra autoridade – e provando, com demonstração "positiva", que a autoridade imperial depende imediatamente de Deus.

Que a autoridade da Igreja não seja causa da autoridade imperial, demonstra-se desse modo: uma coisa que não existe ou que não tem influência sobre outra coisa que, ao contrário, possui por inteiro sua força, não é causa da força desta. Ora, quando a Igreja ainda não existia ou não tinha influência, o império já possuía integralmente toda a sua força. Logo, a Igreja não é causa da força do império e, por conseguinte, também não o é da autoridade do império, uma vez que nele força e autoridade são a mesma coisa.

Seja A a Igreja, B o império, C a autoridade ou a força do império. Se A não existe e C está em B, é impossível que A seja a causa de que C esteja em B, porquanto não é possível que o efeito preceda a causa de sua existência. Ora, se excluímos a obra de A e, no entanto, C está em B, necessariamente A não é causa da subsistência de C em B, porquanto é indispensável que, para a produção de um efeito, seja predisposta uma causa, especialmente aquela eficiente, da qual aqui se trata. A proposição maior desta demonstração se esclarece pelos próprios termos em que é formulada. Cristo e a Igreja confirmam a menor. Cristo, com seu nascimento e com sua morte, como foi dito anteriormente. A Igreja, da maneira que Paulo diz a Festo nos *Atos dos Apóstolos*: "Estou diante do tribunal de César e aqui devo ser julgado"; e também quando, pouco depois, o anjo de Deus diz a Paulo: "Não temas, Paulo; é necessário que compareças diante de César"; e, mais adiante, quando Paulo fala aos judeus que viviam na Itália: "Visto que os judeus se opunham, fui obrigado a apelar para César, não porque tivesse alguma coisa de que acusar minha gente, mas para salvar minha alma da morte" [274].

Se, desde então, César não tivesse tido autoridade para julgar os fatos temporais, nem Cristo teria aprovado isso, nem o anjo teria pronunciado aquelas palavras, nem aquele que dizia "Desejo morrer e permanecer com Cristo" [275] apelaria para um juiz incompetente.

Além do mais, se Constantino não tivesse tido autoridade, não teria podido dispor legitimamente dos bens que transferiu à tutela da Igreja e esta desfrutaria dessa doação injustamente, porquanto Deus quer que as oblações sejam imaculadas, como está escrito no *Levítico*: "Toda oferta que fizeres a Deus não deverá conter fermento" [276]. Ora, este preceito, embora pareça se referir àqueles que oferecem, no entanto, como consequência, se refere também aos que recebem. De fato, insensato é acreditar que Deus queira receber aquilo que proíbe oferecer, tanto que no mesmo livro prescreve-se o seguinte aos levitas: "Não contamineis vossas almas e não toqueis nessas coisas, para não vos tornardes impuros" [277]. Afirmar, porém, que a Igreja abusa desse modo do patrimônio que lhe foi outorgado é de todo inconveniente; logo, é falso o raciocínio desde o ponto de partida.

XIII

Além disso, se a Igreja tivesse a faculdade de atribuir a autoridade ao imperador romano, essa faculdade deveria recebê-la de Deus ou a teria de si mesma ou de outro imperador ou ainda do consenso universal dos homens – ou pelo menos dos mais eminentes dentre esses. Não há outra via pela qual pudesse estar de posse dessa faculdade. Não a recebeu, porém, de nenhum desses. Logo, não possui essa faculdade.

Que não a tenha recebido de nenhum deles, aparece claramente da maneira que segue. Se a tivesse recebido de Deus, isso teria acontecido por lei divina ou por lei natural, porquanto aquilo que se obtém

---

[274] Atos dos Apóstiolos, 25, 10; 27, 24 e 28, 19.
[275] Epístola aos Filipenses, I, 23.
[276] Levítico, 2, 11.
[277] Levítico, 11, 43.

da natureza se obtém de Deus, mas não o contrário. Certamente não a recebeu por lei natural, porque a natureza só impõe leis a seus efeitos e, por outro lado, Deus não pode falhar quando confere existência a alguma coisa sem o concurso das causas segundas. Por isso, como a Igreja não é efeito da natureza, mas de Deus, que disse "Sobre esta pedra edificarei minha Igreja" [278] e, em outra passagem, "Terminei a obra que me deste para fazer" [279]. É evidente que a natureza não lhe impôs lei alguma.

A Igreja não a recebeu tampouco por lei divina. De fato, toda lei divina é contida integralmente nos dois Testamentos e não consigo descobrir neles que aos antigos como aos mais recentes sacerdotes tivesse sido recomendado o cuidado especial das coisas temporais. Ao contrário, consigo encontrar que os primeiros sacerdotes foram mantidos afastados disso por mandamento, como se verifica nas palavras que Deus dirige a Moisés[280]. A mesma coisa ocorreu com os sacerdotes mais recentes, como se pode deduzir das palavras de Cristo aos discípulos[281]. Além do mais, não seria possível afastar os sacerdotes dos cuidados temporais, se a autoridade do regime temporal emanasse do ofício de sacerdote, pelo menos quando subsistisse a solicitude da provisão no ato da investidura e, depois, seria necessária uma atenção contínua, para que aquele que foi investido da autoridade não se desviasse do reto caminho.

É evidente também que a Igreja não pode ter essa faculdade de si mesma. Não se pode dar o que não se possui; por conseguinte, todo agente deve ser em ato tal como a coisa que pretende produzir, tal como se explica em passagens de *Metafísica*[282]. Ora, é claro que, se a Igreja se atribui essa faculdade, não a possuía antes disso; por conseguinte, ter-se-ia atribuído a si mesma o que não tinha, e isso é impossível.

Por outro lado, que não tenha recebido de algum imperador, é suficientemente claro por tudo aquilo que demonstramos anteriormente.

---

[278] Evangelho de Mateus, 16, 18.

[279] Evangelho de João, 17, 4.

[280] Números, 18, 20 e Deuteronômio, 18, 1-2.

[281] Evangelho de Mateus, 10, 9ss. E 6, 19ss.

[282] Aristóteles, Metafísica, IX, 8.

E quem duvida que não a tenha obtido nem por consenso universal ou, ao menos, por consenso dos mais eminentes, uma vez que a essa pretensão são contrários não somente os asiáticos e os africanos, mas também a maior parte da Europa? Para encerrar, é enfadonho acumular provas em apoio a coisas tão evidentes.

XIV

Do mesmo modo, não faz parte das faculdades de uma coisa aquilo que é contrário à sua natureza, porquanto as faculdades de cada coisa são conformes à sua natureza para a consecução do fim específico. Ora, a faculdade de atribuir autoridade ao reino de nossa existência mortal é contrária à natureza da Igreja. Logo, não faz parte do número de suas faculdades.

Para demonstrar a premissa menor, é necessário saber que a natureza da Igreja é a forma da Igreja. De fato, embora o termo natureza se aplique tanto à matéria quanto à forma, aplica-se prioritariamente à forma, como está demonstrado no livro da *Física*[283]. Ora, a forma da Igreja é a vida de Cristo, compreendida tanto em suas palavras como em suas obras. De fato, a vida dele foi o exemplo e o modelo da Igreja militante, especialmente dos pastores e, de modo particular, do sumo pastor, cuja função consiste em apascentar cordeiros e ovelhas[284]. Por isso ele, no evangelho de João, deixando a "forma" de sua vida, diz: "Dei-vos o exemplo para que aquilo que fiz para vós assim também vós o façais" [285]. Depois, no mesmo autor encontramos estas palavras especialmente dirigidas a Pedro, a quem havia confiado o ofício de pastor: "Pedro, segue-me" [286]. Foi, no entanto, diante de Pilatos que Jesus refutou o reino temporal, ao dizer: "Meu reino não é deste mundo. Se meu reino fosse deste mundo, meus seguidores combateriam de todas as maneias para que eu não fosse entregue aos judeus. Assim, pois, meu reino não é deste mundo" [287].

---

[283] Aristóteles, Física, II, 1.
[284] Evangelho de João, 21, 16.
[285] Evangelho de João, 13, 15.
[286] Evangelho de João, 21, 19.
[287] Evangelho de João, 18, 36.

Estas palavras não devem ser entendidas como se Cristo, que é Deus, não fosse o Senhor do reino do mundo, porquanto o salmista diz: "Porque seu é o mar e foi ele quem o fez e também a terra que suas mãos plasmaram" [288]. Devem ser entendidas antes, enquanto modelo da Igreja, como ele não se preocupava com o reino deste mundo. Como se um selo de ouro, falando de si mesmo, dissesse "Não sou medida para qualquer tipo de coisa", é evidente que essas palavras não dizem respeito ao ouro em si mesmo, que é sempre medida no âmbito dos metais, mas enquanto é um determinado sinal capaz de deixar sua marca.

É essencial, portanto, para a Igreja que fale e sinta da mesma maneira. Se a palavra se opõe ao pensamento, ou vice-versa, contradiz a forma, como é evidente, ou a natureza, o que é o mesmo. Disso se conclui que a faculdade de conferir autoridade ao reino temporal é contrária à natureza da Igreja. De fato, a contradição que emerge do pensamento ou das palavras provém da contradição inerente à coisa de que se fala ou que se pensa, assim como o verdadeiro e o falso no discurso derivam da existência ou da inexistência da coisa que é objeto do próprio discurso, conforme nos ensina a doutrina exposta nas *Categorias*[289]. Com os argumentos expostos, procedendo até "o incompatível", conseguimos demonstrar de modo suficiente que a autoridade do império não depende modo algum da Igreja.

XV

Mesmo que no capítulo anterior, com raciocínio até "o incompatível", tenha sido esclarecido que a autoridade do império não emana da autoridade do sumo pontífice, não foi fornecida, contudo, a prova de que ela deriva imediatamente de Deus, se não por via de consequência, ou seja, se ela não depende do próprio representante de Deus, depende de Deus. E precisamente para conferir perfeita determinação ao propósito prefixado, deve-se demonstrar "positivamente" que o imperador, ou seja, o monarca do mundo, tem sua referência imediata no príncipe de universo, que é Deus.

---

[288] Salmo 94, 5.
[289] Aristóteles, Categorias, 12, 14.

Para entender este conceito é necessário saber que só o homem, entre os seres, ocupa a posição média entre as coisas corruptíveis e as incorruptíveis; por isso foi corretamente comparado pelos filósofos ao horizonte, que é o elemento médio entre dois hemisférios. Com efeito, se o homem é considerado em relação a seus dois elementos constitutivos essenciais, isto é, alma e corpo, é corruptível; mas se é considerado em relação a um só dos dois, a alma, é incorruptível. Por esse motivo, o filósofo se expressa muito bem ao falar da incorruptibilidade da alma, quando no livro segundo *Da Alma* diz: "Somente ela pode separar-se do elemento corruptível porque é imortal" [290]. Se, portanto, o homem ocupa a posição média entre os seres corruptíveis e os incorruptíveis, uma vez que todo ser intermediário participa da natureza dos extremos, é inevitável que o homem tenha em comum uma e outra natureza. E, como toda natureza está ordenada a um fim último, segue-se que no homem existe um duplo fim, isto é, participando ele, só entre todos os seres, da corruptibilidade e da incorruptibilidade, está predisposto, único entre todos os seres, a dois fins últimos, de um lado enquanto corruptível e, de outro, enquanto ser incorruptível.

Dois fins, portanto, conferiu ao homem a inefável Providência: a felicidade desta vida, que consiste no exercício da própria virtude e configurada no paraíso terrestre, e a felicidade da vida eterna, que consiste em desfrutar da presença divina, à qual não se pode ascender por meio das próprias faculdades, a não ser que haja o auxílio da luz divina, e que se realize no paraíso celeste.

Deve-se chegar a essas duas felicidades, que representam conclusões diferentes, por meios diversos. Com efeito, chegamos à primeira por meio dos ensinamentos filosóficos que, no entanto, devem ser seguidos operando em conformidade com as virtudes morais e intelectuais. Chegamos à segunda por meio dos ensinamentos espirituais que transcendem a razão humana, sempre que sejam seguidos operando em conformidade com as virtudes teologais, ou seja, a fé, a esperança e a caridade.

Estas conclusões e estes meios nos foram indicados também, uns pela razão humana, que toda se desvendou a nós por meio dos filósofos, os outros, pelo Espírito Santo que revelou a verdade sobrenatural, indispensável para nós, por meio dos profetas e hagiógra-

---

[290] Aristóteles, Da Alma, II, 2.

fos, por meio de Jesus Cristo, filho de Deus a ele coeterno, e de seus discípulos. A cobiça humana, contudo, haveria de desprezá-los, se os homens, como cavalos, vagando em sua bestialidade, não fossem domados com "rédeas e freio" [291].

Por esse motivo, o homem teve necessidade de duplo guia em relação a seu duplo fim: de um lado, o sumo pontífice que, segundo a revelação, conduzisse o gênero humano à vida eterna e, de outro, o imperador que o conduzisse à felicidade temporal, segundo os ensinamentos filosóficos. Como, porém, ninguém ou muito poucos – e estes ainda com extrema dificuldade – podem chegar a este porto, a menos que sejam amainadas as ondas da cobiça e o gênero humano viva livre na tranquilidade da paz, sendo essa a meta à qual deve propender por todos os meios aquele que tem o cuidado do mundo, isto é, o príncipe romano. Só assim poderá viver livre e pacificamente nesse canteiro dos mortais.

Como a disposição do mundo terreno é determinada por aquela inerente ao movimento circular dos céus, torna-se necessário, para que os úteis ensinamentos da liberdade e da paz se adaptem oportunamente aos locais e às circunstâncias, que o superintendente do mundo seja instituído por aquele que com sua presença abraça simultaneamente toda a disposição dos céus. Ele é realmente o único que estabeleceu de antemão e providenciou por si mesmo a ligação existente entre cada criatura e o espaço que lhe cabe.

Se, portanto, assim é, só Deus escolhe, só Deus confirma, porque só Deus não tem quem seja superior a ele. Disso se deduz ulteriormente que não devem ser definidos "eleitores" nem os atuais, nem todos os outros que de alguma forma assim tenham sido definidos. Eles devem ser considerados antes "núncios da divina providência". Se disso decorre por vezes que os beneficiários desta última dignidade se deixam levar pela discórdia, é porque todos ou em parte se deixam envolver pela névoa da cobiça e não conseguem discernir que se trata de uma escolha divina.

É evidente, portanto, que a autoridade do monarca temporal deriva, sem qualquer intermediário, da fonte da autoridade universal e essa fonte, compacta na fortaleza de sua pureza, derrama-se por muitos canais em abundância de bondade.

---

[291] Salmo 31, 9.

Creio que já atingi a meta que me havia proposto. De fato, foi trazida à luz a verdade daquela questão em que se procurava se o cargo do monarca seria necessário ao bem-estar do mundo; e também daquela que dizia se o povo romano se atribuíra de direito o império; bem como, finalmente, se a autoridade do monarca depende imediatamente de Deus ou de outro.

A verdade que emergiu dessa última questão, entretanto, não deve ser acolhida de modo estrito, no sentido que o príncipe romano não esteja de algum modo sujeito ao pontífice romano, uma vez que a felicidade mortal é de certa maneira ordenada para a felicidade imortal.

César, portanto, deve demonstrar por Pedro aquela reverência que um filho primogênito deve ter por seu pai, de tal modo que, iluminado pela graça da luz paterna, possa irradiar mais vívida virtude no mundo, ao qual foi preposto somente por aquele que é governador de todas as coisas espirituais e temporais.

Início do livro *Monarquia*, no texto original latino

Liber Primus

I.- Omnium hominum quos ad amorem veritatis natura superior impressit hoc maxime interesse videtur: ut, quemadmodum de labore antiquorum ditati sunt,ita et ipsi posteris prolaborent, quatenus ab eis posteritas habeat quo ditetur. Longe nanque ab offitio se esse non dubitet qui, publicis documentis imbutus, ad rem publicam aliquid afferre non curat; non enim est lignum, quod secus decursus aquarum fructificat in tempore suo, sed potius perniciosa vorago semper ingurgitans et nunquam ingurgitata refundens. Hec igitur sepe mecum recogitans, ne de infossi talenti culpa quandoque redarguar, publice utilitati non modo turgescere, quinymo fructificare desidero, et intemptatas ab aliis ostendere veritates. Nam quem fructum ille qui theorema quoddam Euclidis iterum demonstraret? Qui ab Aristotile felicitatem ostensam reostendere conaretur? Qui senectutem a Cicerone defensam resummeret defensandam? Nullum quippe, sed fastidium potius illa superfluitas tediosa prestaret. Cumque, inter alias veritates occultas et utiles, temporalis Monarchie notitia utilissima sit et maxime latens et, propter non se habere inmediate ad lucrum, ab omnibus intemptata, in propósito est hanc de suis enucleare latibulis, Tum ut utiliter mundo pervigilem, Tum etiam ut palmam tanti bravii primus in meam gloriam adipiscar. Arduum quidem opus etultra vires aggredior, non tam de propria virtute confidens, quam de lumine Largitoris illius "qui dat omnibus affluenter et non improperat".

II.- Primum quidem igitur videndum quid est quod "temporalis Monarchia" dicitur, typo ut dicam et secundum intentionem. Est ergo temporalis Monarchia, quam dicunt "Imperium", unicus principatus et super omnes in tempore vel in hiis et super hiis que tempore mensurantur. Maxime autem de hac tria dubitata queruntur: primo nanque dubitatur et queritur an ad bene esse mundi necessaria sit; secundo an romanus populus de jure Monarche offitium sibi asciverit; et tertio na auctoritas Monarche dependeat a Deo inmediate vel ab alio, Dei ministro seu vicario.

Verum, quia omnis veritas que non est principium ex veritate alicujus principii fit manifesta, necesse est in qualibet inquisitione habere notitiam de principio, in quod analetice recurratur pro certitudine omnium propositionum que inferius assummuntur. Et quia presens tractatus est inquisitio quedam, ante omnia de principio scruptandum esse videtur in cujus virtute inferiora consistant. Est ergo

sciendum quod quedam sunt que, nostre potestati minime subjacentia, speculari tantummodo possumus, operari autem non: velut mathematica, physica et divina; quedam vero sunt que, nostre potestati subjacentia, non solum speculari sed etiam operari pssumus: et in hiis non operatio propter speculationem, sed hec propter illam assummitur, quoniam in talibus operatio finis. Cum ergo materia presens politica sit, ymo fons atque principium rectarum politiarum, et omne politicum nostre potestati subjaceat, manifestum est quod materia presens non ad speculationem per prius, sed ad operationem ordinatur. Rursus, cum in operabilibus principium et causa omnium sit ultimus finis – movet enim primo agentem – consequens est ut omnis ratio eorum que sunt ad finem ab ipso fine summatur. Nam alia erit ratio incidendi lignum propter domum constituendam, et alia propter navim. Illud igitur, siquid est, quod est finis universalis civilitatis humani generis, erit hic principium per quod omnia que inferius probanda sunt erunt manifesta sufficienter: esse autem finem hujus civilitatis et illius, et non esse unum omnium finem arbitrari stultum est.
(Texto extraído de: Dante Alighieri, Monarchia – BUR, Rizzoli S.p.A.,Milano, 2001)

Vida e obra do autor

Dante Alighieri nasceu em 1265, provavelmente no mês de maio, na cidade de Florença, de família de condições econômicas medianas. Os membros de sua família eram guelfos, isto é, partidários do Papado contra a demasiada ingerência política na Itália por parte dos imperadores da Alemanha que, desde Carlos Magno, eram *ipso facto* reis da Itália. Os partidários do imperador eram chamados gibelinos. Esse bipartidarismo estava arraigado em toda a península itálica e não somente a dividia em dois grandes movimentos políticos, mas tinha também grande influência na política interna e no governo de cada reino, ducado, condado, marquesado, república ou comuna independente em que se dividia toda a Itália. Precisamente por ser do partido dos guelfos, Dante Alighieri haveria de amargar um longo período de exílio.

Entre 1270 e 1273, Dante perde a mãe Bella e seu pai, Alighiero degli Alighieri, casa-se em segundas núpcias com Lapa di Chiarissimo Cialuffi. O trisavô de Dante por parte materna, chamado Cacciaguida, havia sido armado cavaleiro pelo imperador Conrado II e participou da cruzada de 1148, vindo a falecer em combate na Palestina. Dante o considerava um mártir da fé.

Criança ainda, Dante passou a frequentar uma escola de Florença e, ao completar 12 anos, foi vinculado a uma promessa de casamento, tendo sido destinada a ele Gemma di Manetto Donati, com quem efetivamente se casou em torno de 1285. No ano de 1289, Dante combate na cavalaria contra a cidade gibelina de Arezzo, que é vencida pelas tropas de sua Florença. Com Gemma teve quatro filhos: Giovanni, Pietro, Jacopo e Antonia.

Embora sua atividade principal fosse o estudo e a leitura incessante, especialmente dos clássicos latinos, Dante participa ativamente da vida social e política de Florença e, em 1295, se engaja oficialmente na atividade política ao preencher ficha na Corporação dos Médicos e Farmacêuticos e, no mesmo ano, passa a fazer parte do Conselho dos Trinta e Seis do Povo, do Conselho dos Sábios e do Conselho dos Cem, como membro do partido dos guelfos, partidários do Papado, embora Dante critique abertamente as ambições expansionistas do Vaticano. Em 1300 faz parte dos Priores, o mais elevado órgão do governo, e Dante se posiciona contra propostas pontifícias, aparentemente adequadas para selar mais fortemente os vínculos entre os dois Estados. Dante é enviado a Roma como embaixador para tratar dessas questões, mas o Papa o retém por tempo suficiente, enquanto seu delegado em Florença depõe o governo constituído e abre caminho para o partido contrário.

Dante não consegue voltar a Florença e a vingança dos inimigos políticos é cruel. Acusam Dante de corrupção, oposição ao Papa e concussão. É condenado à revelia a dois anos de confinamento, à interdição perpétua do exercício de funções públicas e ao pagamento de uma multa em dinheiro. Como Dante não se apresentou para pagar a multa e para defender-se, é condenado a ser queimado vivo com outros catorze condenados. Assim termina a vida de Dante em sua querida Florença, para onde nunca mais haveria de voltar, apesar de ter alimentado a esperança de um retorno até o último dia de sua vida. Houve antes uma possibilidade quando, em 1315, Florença concedeu anistia a todos os exilados, condicionada ao pagamento de uma multa. Dante recusa a oferta, porquanto a multa representava uma humilhação e o reconhecimento da culpa. Em decorrência disso, Dante é condenado novamente à morte, juntamente com seus filhos, e ao confisco e à destruição de todos os seus bens em Florença.

Durante os 21 anos de exílio, Dante passa por várias cidades, protegido pelos governantes locais, entre as quais os de Forlì, Verona, Arezzo, Treviso, Padova, Veneza, Lucca e Ravenna. Durante seu longo exílio é que compõe sua obra máxima, *A Divina Comédia*. Em 1321, parte de Ravenna, onde residia havia mais de três anos, para uma missão diplomática junto à república de Veneza. Ao retornar, é acometido de malária e morre em Ravenna, na noite entre 13 e 14 de setembro de 1321.

Impressão e Acabamento:
Gráfica Oceano